Bernd Hensel

Momente dialektischer Politik

Herstellung und Verlag:
Books on Demand GmbH, Norderstedt
ISBN 978-3-8391-1089-8=20

Inhalt

<u>Vorwort</u>

Das Werk ist meinem Vater Gerhard Hensel gewidmet, der im Oktober 1991 unter tragischen und unaufgeklärten Umständen in der Saar ertrank.

Es ist mein Antrieb, eben auch dialektisch, die These mit der Antithese zur Synthese zu verbinden, nicht nur persönlich, sondern auch fachlich. Letztlich ist die politische Erfahrung des Kämpfens der subjektive Faktor, der in der sozialistischen Führungspersönlichkeit auftritt.

Neben Erlebnissen geht es um die Weiterleitung von Kenntnissen und dem Angebot gemeinsamen Eintretens für einen demokratischen Sozialismus des 21. Jahrhunderts.

Der freie Mensch soll Macht über sich und seine Umwelt unter der dem Dach eines liberalen Sozialismus erhalten, der in der Koalition mit der LINKEN in Deutschland konstruiert werden soll.

Ich schrieb das Werk im Sommer 2008 vor Finanz- und Wirtschaftskrise und Barack Obama.

Es bleibt gültig und mit nur einem Kapitel verändert, da es erst nach der Bundestagswahl erscheinen konnte, denn der Kapitalismus hat seine Fesseln nicht gelockert und der sozialistische Rettungsstreifen bleibt bestehen.

Dem Leser, ob links orientiert oder politisch interessiert, wünsche ich viel Spaß beim Studieren der Literatur, wobei die vier einzelnen Teile fast unabhängig, aber geprägt und strukturiert von der Dialektik und einem politischen Ziel sind.

Bernd Hensel im November 2009

Der sozialtherapeutische Kommunikationsguerilla

Selbsterfahrung

Drei Tage vor Weihnachten 1994 kam Martina bei mir vorbei. Sie stellte ihr Auto bei mir unter. Warum? Seit vier Jahren hatten wir eine kameradschaftliche Liebesbeziehung, d.h. wir unternahmen viel, hatten aber keinen Sex miteinander. Discotheken, Weggehen, Tanzen, Spaß haben, all das gab sie mir, was die feste Partnerschaft oft nicht erfüllen konnte. Sie übernachtete oft bei mir und wir wollten jetzt ein großes Projekt starten.

Der VW-Passat stand vollgetankt bereit für die 2000 km nach Neapel. Wir schafften es ohne Übernachtung bei Abwechslung am Lenkrad in 20 Stunden. Das Selbsterfahrungsseminar, auf das wir fuhren, begann zwei Tage vor Heiligabend. Es sollte für Jahre die Wende in meinem Leben sein.

Kommunismus, Soziologie, Terrorismus, Sexualität, Bodyguardkarriere: alles kam in den 10 Tagen zur Sprache oder noch besser ausgedrückt, es wurde bewusst. All die Punkte wurden mir vom Team und der Gruppe gespiegelt. Von Martina trennte ich mich als Symbol der Trennung von der bürgerlichen Existenz. Nicht nur von Martina, sondern auch von einem Großteil der Kleider und nach einer alleinigen Odyssee der Rückkehr nach Deutschland, die dortige Trennung von der festen Partnerin und dem besten Freund. Ich ging in den gemeldeten, legalen Untergrund - die Ersatzreserve war gegründet!

Welche Ziele sollten verfolgt werden? Fünf Jahre nach der Wende war es zwar früh, aber schon wieder an der Zeit, einen Sozialismus in Deutschland vorzubereiten, der mehr Gerechtigkeit und Menschlichkeit bietet, und das über die sozialistische Partei in Zusammenarbeit, aber auch deren Kontrolle.

Wie kann ich aber langfristig einen demokratischen Sozialismus in Deutschland einführen. Ich muss die SPD gewinnen, dafür muss ich sie aber in ihrer jetzigen Situation attackieren. Es folgte die Attacke 1995, als Oskar Lafontaine den SPD-Vorsitz an sich riss.

Am 14. Juli 1995 - dem Französischen Revolutionstag - erfolgte der Umzug von Nordrhein-Westfalen nach Saarbrücken, Saarländer bleiben Saarländer und der Heimat verbunden und wenn das noch beruflich vereinbar ist, wirkt es doppelt befriedigend.

Als Soziologe hatte ich eine sozialpsychologische Ausbildung und auch das Angebot als Sozialtherapeut zu arbeiten. Ich verband das jetzt politisch freiberuflich mit der Zusatzqualifikation Kommunikationsorganisator - der Guerilla mit kommunistischem Touch streifte durch die Stadt.

Es war aber nicht nur die Diskussion mit den Menschen, die Wirkung zeigen sollte, sondern auch die Einschleusung in kleinkapitalistische Firmen, die mit dubiosen Methoden, sowohl dem Kunden als auch dem Mitarbeiter das Geld aus der Tasche zogen.

Privat begann dieses Jahr und dieses Leben nur noch mit dem Gang zu einer Prostituierten - Geld und Sex ohne Fragen! Ich hatte sogar das Angebot, ein Bordell zu übernehmen und von einer Prostituierten den Vorschlag des „Boy-friend". Ich lehnte beides ab, ich sollte später bessere Angebote bekommen.

Die Grundlage für die Instrumentalisierung meiner Tätigkeit oder meiner Person war geschaffen, aber ich spürte sie noch nicht. Ich glaubte, frei und unabhängig in meinen Entscheidungen zu sein, aber das ist ein Trugschluss: Niemand ist das! Es kommt immer nur darauf an, welchen Gewinn oder Nutzen man aus einer Tätigkeit zieht. Auch bei Gründung einer eigenen informellen Organisation bin ich gesellschaftliches Element, auch wenn ich politisch außen vor stehe.

Ich stehe außen vor, trotzdem lebe ich auch in normaler Freizeit, was in den letzten zwei Monaten des Jahres zu einer kurzen Beziehung oder einem Flirt führte. Zusammen Fernsehschauen, Spielen, Kochen war aber nicht mehr meine Welt, so dass diese Techtelmechtel friedlich zerbrach. Der Winter war hart und an Silvester wurden die neuen Jahresattacken geplant.

Beratung

Ich komme vom Studium als auch siebenjähriger Tätigkeit als Manager aus dem Bereich Marketing. Von daher war es für mich kein Problem bei Frankfurter Unternehmensberatungen anzuheuern, um erstens das Geschäft des externen Consultings kennen zu lernen als auch die unseriösen Machenschaften dieser - auch in Unternehmerkreisen - verrufenen Branche, aufzudecken.

Es war harte Arbeit - jeden Tag zwei bis drei Termine mit durchschnittlicher zweistündiger Beratung - und langen Fahrzeiten. Es hat aber viel Spaß gemacht, ich konnte den Kapitalismus in den internen Strukturen studieren.

Abends und am Wochenende war ich wieder der Thekenguerilla, der über Gott und die Welt mit Otto Normalverbraucher diskutierte. Schlips und Jeans - für mich kein Widerspruch!

Im Job beriet ich und fand damit sehr guten Zugang zu dem mittelständischen Unternehmer, der ja auch um seine Existenz kämpfen muss. Ich war kompetenter Ansprechpartner, aber verkaufte nur selten die dubiosen Dienstleistungen der Consultingfirmen. Materiell war ich nicht darauf angewiesen, so dass ich meinen Erfolg nicht in eigenem Gewinn, sondern einer realen Verbesserung für Unternehmen und Mitarbeiter sah.

Es ist eben die Ideologie des demokratischen Sozialismus mit liberalem Antlitz nicht den kleinen Mann oder kleinen Selbständigen, der sich nur durch seine Arbeit reproduziert, zu knechten oder zu enteignen, Nein: Die Großunternehmen müssen vergesellschaftet werden und gerade in der Wirtschaftskriminalität sollte hart durchgegriffen werden.

In China steht auf Korruption die Todesstrafe, so weit will ich nicht gehen, aber es ist doch erschreckend, dass Kapital-Verbrechen, wenn es um wirtschaftlichen Betrug geht, in Deutschland tabuisiert werden - sprich höchstens Bewährungsstrafe verhängt wird.

Sozialtherapeutische Beratung im privaten Bereich diente für mich zum Ziel der Vermenschlichung der Gesellschaft. Das was aufgrund der politischen Veränderungen in Deutschland nicht mehr salonfähig war, sollte nicht in Vergessenheit geraten für den Zeitpunkt, der der Richtige ist. Auch wenn ich damit vielfach Außenseiter war, so konnte mir seit 1979, als ich schon mit 18 Jahren rebellierte, niemand den Vorwurf machen, dass ich nicht zu meiner Überzeugung stehe.

Kommunikation hinterlässt beidseitige Spuren. Ich vermittle nicht nur Ansichten, sondern sie werden mir auch gespiegelt. Guerillakampf ist sicherlich so zu verstehen, dass ich im beruflichen Bereich die Wirtschaft in Teilen reformierte und beriet und privat politische Propaganda betrieb.

Diese zwei Bereiche reichten mir zur Befriedigung meiner Lebensgestaltung. Es war kein Platz für eine Partnerin, so blieb es bei gelegentlich kurzem sexuellem Austausch. Erst später sollte ich dies aufgrund meiner Tätigkeit vermissen, jetzt noch nicht.

Marketing beinhaltet drei Formen, nämlich kommerzielles, soziales und politisches. Der Soziologe wie ich mit auch dieser betriebswirtschaftlichen Ausbildung und zudem den politischen Kampf als Berufung sieht, sollte alle drei Bereiche miteinander verbinden. Im Mittelpunkt darf nicht das Geld stehen, sondern der Mensch. Aber oder gerade deswegen führe ich den Kampf nicht mit Waffengewalt, sondern eben durch die sozialtherapeutische Kommunikation in den verschiedensten Ausprägungen, wie hier aufgezeigt wird.

Von den politischen Veränderungen landes- oder bundespolitisch war Sauer-Gurken-Zeit, so dass die Sisyphusarbeit und die eigene Weiterentwicklung im Vordergrund stand.

Jeder stellt sich wohl die Frage, warum ich nicht den eigenen Vorteil in den Vordergrund stellte, aber mir war klar, dass ich das kapitalistische System zu tiefst verachte, da ich es zwischen 1987 bis 1994 in leitender Funktion auch als unmenschlich erlebte. Ich tue meine Arbeit für den Bürger, von daher bin ich Märtyrer, auf jeden Fall Idealist!

Ende des Jahres gründete ich mit einem Partner eine Handelsvertretung, so wie das Tauschgeschäft florieren soll mit Erkenntnissen, die folgend beschrieben sind.

Vertretung

Eine Firma, sich selbst oder irgendjemand anderes zu vertreten, kommt von Dienen. Mein Partner verstand dies nicht. Er konnte nicht mit Menschen umgehen, er betrachtete und bezeichnete Mitarbeiter als Soldaten, die ihm aufs Wort zu gehorchen hatten. Es passte eigentlich nicht, dass ein Kommunist mit einem Erzkonservativen, wie er selbst von sich sagte, er sei total schwarz, zusammenarbeitete. Ich wurde auch später gefragt, warum es nicht funktionierte.

Es war über ein halbes Jahr eine weitere Lehrstunde. Meine Aufgabe sah ich darin, und das war erfolgreich, Firmen mit ihren Produkten zu akquirieren. Wir hatten innerhalb kürzester Zeit eine Vielzahl in unserer Produktpalette, nur auf einmal wohl mehr Produkte als Mitarbeiter, und das lag wohl an der Tatsache, dass diese sich nicht wohl fühlten oder die grenzenlose Ausnutzung - als Soldaten - spürten.

Funktioniert die Bundeswehr schon nach Befehl und Gehorsam, so meinen auch viele Wirtschaftskräfte ihr Unternehmen so aufbauen zu wollen. Für einen Kommunikationsguerilla wie mich vollkommen unverständlich: Es gab endlose Diskussionen bis zur endgültigen Trennung. Was mich überraschte, aber im Nachhinein freute, dass der einfache Bürger, der Geld verdienen wollte, diese Struktur erkannte und sich schlussendlich davon distanzierte.

Festzustellen ist, dass wir den Unternehmen und Lieferanten dienten, aber eben nicht genügend den Mitarbeitern. Es ist ein häufiges Ereignis und das gerade im Manchesterkapitalismus neoliberaler Struktur, dass der Chef Millionär werden will und die Mitarbeiter trotz Arbeit in oder an der Armutsgrenze liegen.

Nun ja, meiner Meinung nach ist der Mensch nicht grundsätzlich faul oder schlecht, sondern er lernt in der Sozialisation der westlichen Welt Eigennutz, so genannte Cleverness und den Mitmenschen auszunutzen.

Aber nicht nur der Chef muss dienen, auch der Angestellte sollte dies tun, leichter und realistischer ist dies natürlich in sozialistischer Produktionsweise, wo der Profit der Gemeinschaft zukommt. Ich favorisiere heute einen genossenschaftlichen Vertrieb, der Überschüsse ab einem gewissen Punkt den Mitarbeitern zukommen lässt: Für alle von Vorteil!

Motivation soll an oberster Stelle stehen und die erhält der Mitarbeiter durch Lob und einen verantwortlichen Bereich, in dem er gut geschult ist, hart arbeitet und Feedback bekommt, um seinen Fähigkeiten nach guten und somit auch finanziell attraktiven Leistungen zu erbringen.

Ich bin der Meinung, dass auch sozialistische Länder und kein Staat sich von der globalisierten Welt ausschließen kann. Nachdem dies erkannt wurde, verzeichnen gerade diese - allen voran China - immense Wachstumsraten und überrollen die Welt teilweise mit ihren Produkten. Auch der sozialistische Mitarbeiter in seiner hohen Qualifikation und Motivation ist für ausländische, kapitalistische Investoren interessant.

Welches System wird letztlich gewinnen? Das degenerierte kapitalistische oder das forsche sozialistische? Jeder kann sich die Frage selbst beantworten.

Erschreckend bleibt, dass sowohl in Deutschland als auch gesamt in der Welt jeder Vierte arm ist. Zudem kommt im kapitalistischen System die Ungerechtigkeit. Ich bin arm und werde ungerecht behandelt, wer wundert sich dann über Terrorismus?

Gewalt soll keine Lösung sein, aber den Bürger zu entrechten ist konträr zur kommunistischen Ideologie, in der das Dienen oder die Demut zu einer Organisation, ob Staat oder Betrieb der gesellschaftliche Einheiten wie Familie materielle und soziale Freiheit - sprich die Menschlichkeit - erreicht werden soll.

Am Beispiel der Tätigkeit als Soziologe im Rathaus im selben Jahr will ich im Folgenden den kapitalistischen Trick der sozialen Augenwischerei aufzeigen.

Bürgernahe Sozialpolitik

An dem Tag, als meine Mutter starb, begann ich in einem Rathaus im Stadtverband Saarbrücken meine Arbeit im Projekt „Bürgernahe Sozialpolitik". Nach den Erfahrungen in der freiberuflichen kapitalistischen Welt sollte ich kennen lernen, dass der öffentliche Dienst denselben Interessen dient.

Schon in der ersten Woche sagte der Vorgesetzte, dass er nichts von dem Projekt halte und ich solle am besten gar nichts tun. Er war tief schwarz CDU. Später sollte er seine Aussage in hohen Etagen einmal leugnen. Das nur zum Rückgrat.

Meine Freizeitgestaltung stellte ich nach der beruflichen und privaten Trennung von meinem Partner in der Handelsvertretung total um. Es war jetzt Frankreich - die lothringischen Orte Forbach, Saargemünd und St. Avold - sowie in Saarbrücken die Bar Maximilian angesagt. Ich freundete mich mit Edita an, die dort im Service arbeitete. Sie hatte einen festen Freund, so blieb es trotz beiderseitigem Interesse platonisch.

Auch hatte ich jetzt gute Kontakte zu einem Zollfahnder, mit dem ich viele Dinge der Illegalität des Kapitalismus durchsprach. Meine bisherige Tätigkeit wollte ich kriminologisch aufarbeiten und für weitere Enthüllungsprojekte nutzen.

Im Rathaus startete ich in der Gruppe mit Sozialarbeitern und Erziehern Ideen. Das Projekt war auf sechs Monate angesetzt. Erst nach vier Monaten war Einigkeit getroffen: Untersuchung im sozialen Brennpunkt. Man kann sehen, wie soziale Arbeit für den Bürger torpediert wird und nur Projekte für die Zeitung ins Leben gerufen werden ohne wirklich etwas verändern zu wollen.

Ich legte richtig los mit Befragung und Beobachtung, aber als ich den Bericht der Untersuchung feststellte, war mir bewusst, dass dies eklatante Folgen für mich haben würde. Umschreiben unmöglich, also durchziehen: Versenden an alle eingetragenen Träger des Projektes und eine Woche abtauchen im Untergrund!

Der Dualismus Politik und Milieu war verfestigt. Die Obrigkeit hatte jetzt schriftlich, dass ich sie und nicht die Armen und Ausgegrenzten für Missstände verantwortlich machte. Die herrschende Klasse reproduziert sich selbst und von Chancengleichheit kann in Deutschland sicherlich keine Rede sein.

Ich hatte das „Rathaus aufgeräumt", wie es in Saarbrücken hieß und wurde zum zweiten Mal nach 1994 - dem Trompetenabschied von Aral - auf eine Schwarze Liste gesetzt.

Ist das etwa schon Terrorismus, wenn ich Missstände in der Gesellschaft angreife und die wirklich Schuldigen benenne? In keinster Weise wurde meinerseits Gewalt angewandt. Nein, es waren nur verbale und schriftlich Aussagen. Die Herrschenden und ihre parteipolitischen Vertreter stellen Kommunisten und Sozialisten dem

Terror nahe dar, ohne ihre eigenen völkerrechtswidrigen Kriegsbeteiligungen auch nur im Entferntesten zu beleuchten.

Der kalte Krieg setzte sich auch nach der Wende fort und ist heute wieder voll da. Die kapitalistisch Herrschenden bangen um ihren Einflussbereich. Als Kommunikationsguerilla hatte ich und habe ich ein breites Betätigungsfeld.

Sozialtherapie im Gemeinwesen wird auch Milieutherapie genannt, wo das Umfeld beeinflusst wird und mir auch selbst etwas gibt. Ich bringe mich persönlich in meiner Arbeit ein und gebe auch persönlich etwas preis. Sowohl in dem soziologischen Feld des sozialen Brennpunktes als auch dem der Prostitution ist Wärme und Offenheit gefragt, zudem noch Empathie gepaart mit Stärke.

Für mich selbst zeigte sich dort auch eine warme Atmosphäre, wie auch in Frankreich, wo der menschliche Umgang - die Konversation - vielmehr Sozialenergie bringt als im kalten Deutschland, und da ist noch zu bedenken, dass Teile des Saarlandes frankophil sind.

Atmosphäre und Job. Ist jemand, der legalen Guerilla- und Partisanenkampf für sich selbst und die Entrechteten betreibt, ein Terrorist? Ich sage nein, denn Terrorismus ist die reine Gewalt und der Mord an Unschuldigen. Widerstand ist demgegenüber erlaubt und ich erkannte, dass er von den Herrschenden noch unerbittlicher bekämpft als sonstige Gewalt wird, denn die Wirkungen sind verheerend, da sich das Volk auf die Seite des Kämpfers stellt. Wir stehen alle in der Pflicht der Solidarität!

Wenn auch das Projekt Bürgernahe Sozialpolitik eingestampft wurde, so behielt ich den bürgernahen Kampf für eine gesellschaftsgestaltende Sozialpolitik bei. Auch bei Frustrationen und Enttäuschungen, die ich leicht im Milieu kompensieren konnte, bleibt das Ideal einer gerechten Gesellschaft bestehen.

Der November und Dezember 1997 diente der Vorbereitung des nächsten Jahres: dem frontalen Angriff. Einen Tag vor Silvester gönnte ich mir eine Frau, die mich als Traummann bezeichnete.

Neujahr erlebte ich mit vier Sekunden Zeitverschiebung in einer Discothek in Frankreich!

Terror

Die Vorbereitung war getan mit dem Einschleusen in drei Strukturvertriebe - besser in Deutschland bekannt unter dem Namen „Schneeballsystem" - und Bloßlegung der illegalen Machenschaften in der Presse.

Weiter schrieb ich im Februar 1998 eine sozialtherapeutische Studie über die Borderlinegesellschaft. Es sollte ein Jahr der vollen Aktivität werden, mit Frakturen und Erfolgen.

Die Überschrift Terror soll nicht meinen das Morden mit Schießgewehr, sondern der politische Rambo oder kommunikationstherapeutische Molotow-Cocktail, eben der rote Bulldozer.

Auf in den Kampf: Im März fuhr ich nach Marburg zu meinem ehemaligen Politikprofessor und wir diskutierten beim Mittagessen über die politische Lage in Deutschland. Ich war entschlossen, meinen Beitrag dazu zu leisten, dass die Kohl-Regierung im Herbst abdanke und stattdessen die SPD den Kanzler stelle, aber nicht Oskar Lafontaine. Die PDS solle als linke Opposition in voller Fraktionsstärke in den Bundestag 1998 einziehen. Warum kämpfen, unter Umständen die Existenz in Frage stellen, fragte der Professor, ich war entschlossen, den Weg zu gehen mit allen Konsequenzen.

Im April 1998 dankte die RAF ab!

Warum nicht Oskar als Bundeskanzler? Im Oktober 1991 verstarb unter tragischen Umständen - nie richtig aufgeklärt - mein Vater in der Saar. Im März steckten sie mir nach langer Forschung im Maximilian: „Wir haben ihn schwimmen lassen!" Es war damals die Zeit des Rotlicht-Skandals in Saarbrücken. Auf meine Frage, wer die

Verantwortung zu tragen habe, sprach man von ganz oben. Oskar Lafontaine war über ein Jahrzehnt Ministerpräsident, er hatte die Macht, aber auch die Verantwortung zu tragen.

Arbeitstätig schleuste ich mich bei weiteren Strukturvertrieben ein und hebelte sie mit Presse und Zusammenarbeit BKA und LKA aus. Ich wollte privat wie beruflich Gerechtigkeit und nahm die Sanktionen selbst in die Hand, dort wo der Staat bei Kriminalität zuschaute und letztendlich auch die Politik den Interessen des Kapitals diente.

Ich holte mir für den Kampf eine Absicherung. Ich trat offiziell in die PDS ein und vermachte ihr gar beim Todesfall mein Vermögen. Es sprach sich mehr und mehr herum, was ich noch durch die politische und soziale Propaganda in Milieu und Gastronomie verstärkte. Es war ein Full-Time-Job, der keinen Platz mehr für echte Erholung ließ. Der Wahlkampf wurde immer heißer.

Heiß und brutal am 1. August: Der Landesgeschäftsführer und ich hatten einen PDS-Stand am St. Johanner Markt in Saarbrücken. Nur ein kleines Mädchen holte ein Bonbon. So war die Resonanz bei später 3 Prozent bei der Wahl. Aber wir hatten Mut gezeigt. Mut, der bestraft wurde, denn am Abend wurde ich von fünf Mann von hinten auf den Boden geschlagen. Die zweite Gesichtsfraktur nach 1995.

Jetzt ging es erst richtig los. Ich schoss rein verbal und damit auch legal und gewaltfrei richtige Kanonaden oder Breitseiten gegen Oskar. Ich war schon im Frühjahr bereit, die Konsequenzen zu tragen, jetzt noch mehr.

Im September bei der Bundestagswahl waren die Ziele vom März erreicht: SPD stellt den Kanzler, Koalition mit Grünen, Lafontaine nicht Kanzler und PDS vertreten als Kontrollorgan.

Aber zwei Tage nach der Vereidigung von Oskar Lafontaine als Finanzminister saßen wir (3. November) zu Viert im PDS-Büro. Auf einmal aus dem Lautsprecher eines Polizeiautos: „Jetzt wird scharf geschossen!" Ich flüchtete geschickt. Es war innerhalb von drei

Monaten die zweite Attacke auf mein Leben. Du musst bereit sein zu sterben, um wirklich leben zu können und schließlich kann dies derjenige, der dem Tod in die Augen gesehen hat.

Von Telefonterror auf dem Festnetz oder Abhören des Handy ganz abgesehen, war es sicherlich das wildeste Jahr gewesen, das ich erlebte, hauptsächlich, weil der Rücktritt aus seinen Ämtern von Oskar Lafontaine im März 1999 wie eine Heroin-Spritze wirkte. Es waren wirklich alle Ziele erreicht!

Genuss

Es war das Jahr der Erholung, denn die Arbeit war vorerst erledigt und ich brauchte eben nur auf den Erfolg zu warten. Es gingen vier geschlagene Jahre ins Land, um aus dem Seminar von 1995 reüssieren zu können. Ich hätte damals auch den leichteren Weg gehen können, mir das sexuelle Angebot einer Ärztin zu Gute kommen lassen und als Milieutherapeut im Institut zu arbeiten.

Stattdessen waren es vier Tage Kampf der Rückkehr nach Deutschland mit vielen Gefahren und Erlebnissen, die mich aber auf die spätere politische Arbeit vorbereiteten. 1995 stand ich neben Whitney Houston am Flughafen und Claudia Schiffer in der Diskothek.

Aber: Nichts ist verloren! Ich hatte jetzt eine der schönsten Frauen Saarbrückens kennen gelernt und ich umgarnte sie. Sie hatte ihr Geld in Bars verdient. Wir wohnten in derselben Straße, da ich mittlerweile umgezogen war und trafen uns jeden Abend in unserer Stammkneipe um die Ecke. Es war Bronx, aber ein Stadtviertel mit viel menschlicher Wärme, eben das Milieu.

Der politische Kampf war hinten angestellt, begrenzt auf Zeitung lesen und Tagesschau. Ich hatte gesiegt und sicherlich auch Spuren davon getragen. Wie in der Physik: Input-Output.

Am 14. Juli 1999 - welch ein Tag der Revolution - wurde ich zur Gefahr der Allgemeinheit auf Bewährung verurteilt aufgrund der Ereignisse 1998. Oskars Rache von seinen Helfern und Mitstreitern. Es war ein Scheinprozess, der von der SPD-Riege geführt wurde. Wie sagte der Rechtsanwalt: „Eigentlich müsste ich die gesamte Kammer wegen Befangenheit ablehnen!"

Märtyrer zu sein oder danach zu leben ist mit vielen Höhen und Tiefen gepflastert. Es ist ein absolut bewegtes Leben, wo manchmal Zweifel aufkommen, aber beim Gewinn ein absolutes Glücksgefühl entsteht. Heute weiß ich, dass der politische Kampf wie eine Droge wirkt - Kokain in der Handlung, Heroin im Sieg. Es sind Kriege, auch wenn ich keine Waffe benutzte, sondern die heutigen Möglichkeiten eines Kommunikationsguerillas, der in seinem sozialen Umfeld agiert.

Oskar Lafontaine war von allen Ämtern zurückgetreten, und seine soziale Lage im Vergleich zu der meinigen war offiziell gleichgestellt, oder wenn man es genau betrachtet, hatte er sich durch sein Handeln deutschland- und saarlandpolitisch ins Abseits gestellt. Wie sagte Günter Grass: „Oskar, sauf Deinen Wein und Halts Maul." Ich konnte sagen, dass ich in den Stadtteilen St. Johann und St. Arnual hoch angesehen war. Die Ersatzreserve war auf die Erfolgsspur gebracht worden, aber Deutschland beteiligte sich an einem völkerrechtswidrigen Angriffskrieg im Balkan, der eigentlich nur möglich war, dass die SPD nicht mehr in der Opposition war. Gerhard Schröder zeigte Flagge, noch mehr in der zweiten Amtsperiode.

Ich hielt mich zurück und warb ein halbes Jahr um Rosi. Ihr Mann war vor kurzem verstorben und sie trauerte noch. Es erinnerte mich an meine erste lange Beziehung mit 18 Jahren, die auch mit halbjährigem Minnegesang begann. Ich muss auch um etwas wirklich kämpfen, dann kann ich es richtig genießen und bin richtig glücklich.

Geschenktes Geld verpulvere ich leichter als das hart erarbeitete und genauso ist eine Beziehung viel intensiver, wenn ich lange geworben

habe. Ich ließ ihr Zeit in ihrer Trauer, und von Vorteil war, dass als
wir am 4. Januar 2000 zusammenkamen, ich sie schon richtig kannte.
Aber sie war eine Prostituierte in Ruhestand. Beziehungserfahrungen
zu dieser Berufsgruppe hatte ich schon in der Studienzeit gemacht:
Vorsicht bezüglich der Eifersucht.

Gerade sie, die Sex für Bezahlung geben, dulden, wenn sie kein Geld
verlangen, aber absolute Treue, nicht einmal Blickkontakt oder
Gespräch zu anderen Frauen!

Hat aber nicht auch Politik viel mit Prostitution zu tun? Ich nehme
die Parolen des Stammtisches auf, dann bin ich Populist, oder ich
gehe meinen eigenen ideologischen Weg, dann bin ich Demagoge.
Was ist ein Idealist wie ich? Er nimmt sich dann die Prostituierte zur
Frau, während der Politiker im Amt das prostituierende Bad in der
Menge mit Bezahlung nimmt - privat sieht der Sozialtherapeut eh die
Ehefrau als die größte Hure.

Vielfach muss ich aber sagen, dass ich persönlich mich in vielem von
der bürgerlichen Norm unterscheide, indem ich meiner Ideologie
absolut treu bin und auch in einer Beziehung die Treue ganz oben
steht; wenn ich mich anderen Frauen zuwende , ist die Beziehung
beendet.

Millennium feierte ich am Amtsgericht. Das Jahr wurde so juristisch
beendet wie auch meine politische Arbeit oder überhaupt meine
Person gesetzlich registriert war und unter Beobachtung stand.

Milieu

Mit meiner neuen Partnerin feierte ich ein halbes Jahr Hollywood.
Man kann dies auch, ohne Millionär zu sein. Spätes Aufstehen,
entweder gleich zum Mittagessen in die Kantine oder um 14 Uhr
Frühstück.

Das ist Leben, hauptsächlich, wenn man bis 6 oder 7 Uhr morgens in der Conti-Bar verkehrt. Es war die Bar, wo die Ausgegrenzten, aber in ihrem Metier Erfolgreichen verkehrten.

Durch meine politische Tätigkeit und jetzt noch die Beziehung zu einer Prostituierten war ich akzeptiert. Oskar und ich hatten die Rolle rückwärts getanzt.

Außer sonntags, wo jeder frei hatte, übernachtete ich bei Rosi. Wir verstanden uns sexuell sehr gut. Politisch gesehen war Mitte der Wahlperiode Ebbe und somit für mich Pause. Der nächste Wahlkampf sollte wieder kommen.

Die Zuhälter schützten mich oder besser gesagt sie hielten mir den Rücken frei. Aber wie schon erwähnt, war auch ich instrumentalisiert. Ich will dies an zwei Beispielen aufzeigen.

Im Sommer des Jahres 2000 kam Robbie früh morgens in die Conti. Er sagte mehrmals, Hugo, sprich Hugo Lacour, der Intimfeind Oskars als Rotlichtfürst, kommt frei. Er schaute mich scharf an und meinte mehrmals: „Wer bist Du?" Ich gab ihm keine Antwort, aber Adela, die Barfrau, steckte es ihm. Wir verließen zu Dritt als letzte die Bar.

Damit begann eine anderthalb Tage dauernde Befreiungsaktion für Hugo, nur über Kommunikation, insbesondere Telefon. Wir waren nicht erfolgreich, Hugo saß noch neun Jahre. Es war ungeplant, ich assistierte nur. Ich hielt in dem Moment, Robbie den Rücken frei, wie Ralph mir.

Es war eine Dankestätigkeit von mir, auf die Frage, warum ich das tue, antwortete ich: „Weil es mir Spaß macht!" Vielleicht gibt es meine persönliche Laufbahn selten, aber in dem Milieu ist der soziale Umgang ein Geben und Nehmen. Robbie sollte ich zwei Jahre später, kurz vor meiner Verhaftung noch einmal treffen.

Ob unsere Macht jetzt größer war oder die des Establishments sei dahin gestellt, aber ich glaube, wenn wir sterben, haben wir um einiges mehr erlebt. Der Tod ist nicht schlimm, aber die Erkenntnis auf dem Todesbett eines ungelebten Lebens, das stelle ich mir schrecklich vor und trifft sicherlich nicht auf mich zu.

Die Conti war sicherlich in dem Jahr mein Schicksal. Wenn ich da war, ging es sicherlich immer gesittet zu, aber die erfolgreichsten Zuhälter oder Verbrecher trauten sich teilweise nicht darin, von der Polizei ganz zu schweigen.

Das zweite Beispiel der Abbitte erfolgte im Herbst. Ich hatte drei Wochen Urlaub geplant und gebucht. Ein Franzose: „Wie kannst Du so lange Deine Arbeit vernachlässigen?", oder Adela: „Wer bewacht meine Synagoge?"

Ich war wieder aufgerufen und tat meinen Job. Persönliche Erholung und einmal Schnuppern eines anderen Umfeldes war nicht getan, aber was die Synagogenbewachung in Saarbrücken anbetraf gute Zusammenarbeit mit der Polizei. Zu der Zeit hatte ich mir auch ein Zimmer im Conti-Hotel gemietet.

Die Partnerin legte ich für diese Zeit auf Eis und ging zu fremden Prostituierten. Im Ehebett wird am meisten erzählt. Ich kann es mir nicht leisten.

Komischerweise was ich selbst plante und in die Hand nahm, funktionierte zu 80 % mit den informellen Mitarbeitern. Als Assistent bin ich nicht geboren. Ich muss das Zepter selbst in die Hand nehmen und dann auch die Verantwortung tragen.

Ich möchte behaupten, dass meine politischen Handlungen im Interesse des Gemeinwohls liegen und auch die Zusammenarbeit mit staatlichen Kräften dafür spricht. Nur liegt sie als Sozialist nicht immer oder sehr selten im Interesse der mächtigen und herrschenden Elite, soweit bleibe ich Berufsrevolutionär für den normalen Bürger. Ich sah mich teilweise als Straßenrichter und -polizist.

Aus der PDS war ich wieder ausgetreten, weil sie sich inhaltlich der SPD angleichen und die oppositionelle Arbeit aufgeben wollte. Ich begründete den Austritt schriftlich und inhaltlich, dass sie mehr um Lafontaine und Schäuble trauern als um Honecker und Krenz. So schaukelte das Jahr wieder friedlich mit Rosi aus, um das nächste strukturiert zu beginnen.

Struktur

Politik war für mich zur Droge geworden. Wie gesagt die Handlung Kokain und der Erfolg Heroin. Aber davon braucht man auch strukturierte Entspannung.

Das Jahr 2001 wurde feste Partnerschaft und alleinige Marketing- bzw. Vertriebsgesellschaft ohne politische oder zersetzende Handlungen. Ich regenerierte mich auch mit einem weiten Bekanntenkreis. Neue Freunde konnte ich auch dazuzählen. Da ich bis zu 40 Mitarbeiter hatte, gab es auch darunter sehr interessante männliche wie weibliche Charaktere.

Rosi war stets eifersüchtig auf die jungen Mitarbeiterinnen. Sie hatte Verlassenheitsängste und stieg Mitte des Jahres wieder ins Bargeschäft ein. Conti war auf einmal out, jetzt das richtige Bordell.

Nach meinem Feierabendbier holte ich sie jeden Abend von der Arbeit. Es war im Milieu ein spießiges Leben.

Ich hatte viele Mitarbeiter und viele Produkte. Negativ war die konjunkturelle Lage, aber es reichte zum Leben bei gewissem Hintergrund.

Rosi sagte: „Du bist menschlich, deswegen wenden sich viele Dir zu", es war ein großes Kompliment. In zwei Jahren war ich das dritte Mal umgezogen und hatte neben Schlafzimmer, Küche, Bad, einen großen Wohn- mit Arbeitsraum. Es war ideal. Ich fühlte mich wohl, auch ohne meine Droge.

In der Stadt riefen sie über die Straße: „Du alter Zuhälter, ich gehe jetzt zu Deiner!" Ralph begegnete ich sporadisch, aber wir unterhielten uns bis auf einmal wenig, und blieben in Blickkontakt. Der einzig lange Abend war mit einer Kubanerin, wo wir beim Thema sind.

Kuba war die Alternative für die Tätigkeit und das sicherlich bewegte Leben in Deutschland. Schon 1996 wollte ich gedanklich immer die Zelte irgendwann abschlagen. Obwohl ich viel gelesen und medial viel gehört hatte über das Land und es mir ideologisch sehr nahe steht, waren es sicherlich private Beziehungen, aber auch der Staat, warum auch immer, der das verhinderte.

1998 wurde ich bei Äußerung der Ausreiseabsicht für verrückt erklärt, Dezember 1999 wurde ein gebuchter 14tägiger Urlaub verhindert, aber am 1. April 2000 hatte ich die Genehmigung auszureisen, aber wer wollte nicht mit: Rosi.

Bei aller beruflichen Eleganz und Festigkeit und starkem Willen, nahm ich bei vielen Entscheidungen sehr viel Rücksicht auf das private Umfeld, menschlich verständlich, aber ich erlitt auch vielfach Schaden dadurch.

Jeder Mensch sollte wichtige Entscheidungen unabhängig von anderen und alleine treffen. Kuba ist heute Traum mehr denn je, bei eigener monatlicher Spende und demokratisch sozialistischer Öffnung des Landes noch mehr persönliches Vorbild und berufliches Orientierungsmuster.

Ich wurde schon gefragt, wer im Partisanenkampf mein Vorbild wäre. Ich konnte im Grunde niemanden nennen, auch nicht Che Guevara, bei allen Lobhuldigungen, seinem Engagement und Verdiensten, aber das Schicksal des Todes in Bolivien mit abgeschnittenen Händen möchte ich nicht wählen oder mit ihm tauschen.

Ich bleibe beim sozialtherapeutischen Kommunikationsguerilla, der mit Diskussion, auch verbalem Disput die Welt, auch wenn es manchmal auch nur eine kleine ist, verändern will.

Von meiner Mutter habe ich die sich oft zeigende pragmatische Art, so dass Fidel Castro wie ich am Leben blieb. Letztens sagte eine Frau zu mir: „Sie haben alle Kämpfe überlebt!" Kommunisten sind und müssen oft bereit sein zu sterben, die Gefahr droht vielfach, aber auch für den Kapitalismus am 11. September 2001.

Die Weltmacht war durch den Anschlag von Bin Laden angreifbar geworden. Es löste eine Folge von Kriegen aus und die so genannte liberale Welt zeigte ihre hilflose Wehrhaftigkeit.

In meinem Stammcafe zum Frühstück sagten wir zwei Tage später, dass wir wieder zur Tagesordnung übergehen müssten. Die USA tötete im Folgenden weit mehr Frauen und Kinder als je bei dem Anschlag starben.

Ich distanziere mich von Bin Laden, aber auch den USA und seinen Streitkräften. Auseinandersetzung ja, aber ohne Waffengewalt.

Beruflich einen menschlichen Kapitalismus oder liberalen Sozialismus vorzuleben und zu gestalten lief sehr gut, das heißt es war erfolgreich, aber wie so oft entstanden nach zwei Jahren Partnerschaft private Probleme.

Rosi war in ihrer Familie und im Bordell angespannt oder deutlich aggressiver in ihrem Verhalten plus steigendem Alkoholkonsum und ich wurde ihr Ventil neben den schon länger schlummernden Ängsten. Schon im November wollte ich mich friedlich von ihr trennen. Sie klammerte, weil ich ihr einziger Halt war, aber die Ruhe oder Aussöhnung hielt nur jeweils zwei Tage, dann war der Streit wieder da. Sie wies mir oft abends oder nachts die Tür.

Es zeigte mein Problem, mich nicht frühzeitig genug trennen zu können. Einerseits ehrt es mich, aber falsch verstandener Treueglaube kann schädlich sein. Sehr viele von meinen Bekannten wiesen mich auf die Problematik hin, aber ich sollte noch sozialtherapeutisch bei ihr gefordert sein.

Silvester feierten Ralph und ich: „Wir haben kein Geld, aber Bräute!"

Der Dank

Am 1. Januar 2002 heuerte ich bei der Deutschen Bank an. Es sollte ein Zweikampf mit Rolf Breuer werden. Er hatte am selben Tag den Deutschen Herold - die Versicherungssparte - im Alleingang verkauft. Patriarch und kapitalistischer Diktator in einem.

Die Arbeit war nach drei Monaten erledigt. Breuer dankte mit Pauken und Trompeten im Mai ab. Zu dem Termin meiner Arbeitserledigung trennte ich mich auch von Rosi am 1. April.

Was war geschehen? Sie hatte im Januar eine Depression erlitten, die ich sozialtherapeutisch mit ihr in zwei Monaten auflöste. Sie ging nicht zum Arzt, trotz massiven Suizidgedanken, aber danach blieb trotzdem ihre Aggression auf mich „Wenn Du mich verlässt, ziehe ich Dir die Ass!" Ich hatte alles für sie getan, mehr stand nicht mehr in meiner Macht, zumal auch meine Kräfte verbraucht waren, so dass ich im April einmal vier Wochen Urlaub machte nach anderthalb Jahren Arbeit.

Im Schwarzwald kann ich mich sehr gut erholen und ich lernte auch neue Frauen kennen. Zum Glück ließ Rosi mich auch auf dem Handy in Ruhe. Ich entspannte sehr schnell und die Sexualität mit einer Sächsin war noch besser als die mit Rosi.

Eigentlich sollte man meinen, dass wenigstens im privaten Bereich für sozialen Einsatz ein Dank kommt. Aber vergessen Sie es in unserer Welt. Es kam nicht ein positiver Zuruf, sondern Torpedierung der weiteren Entwicklung. Das sozialtherapeutische Arbeiten muss aber so positiv gewesen sein, dass es auch ohne

Beziehung, wenigstens am Telefon, gefordert wurde. Prostituierte nehmen nur, ein Abendessen ist schon ein Vorwurf.

Die Sächsin war auch sehr kapitalistisch und nymphoman eingestellt, so dass auch diese Liaison relativ schnell beendet war. Auch sie nahm ohne Dank meine Unterstützung bei Chaos in der Familie und privaten Beziehungen mit.

Den Sommer genoss ich über vier Monate allein. Es war eine wunderschöne Zeit. Ich ging regelmäßig donnerstags tanzen, wo sich neben vielen Frauenbekanntschaften auch die Elite aus Politik und Wirtschaft traf. Eine Frau sagte in die Runde, dass ich ja noch etwas anderes kann als Terror.

Viele unterstützten verbal meine politische Arbeit, gaben mir gar gut gemeinte Ratschläge, aber bei mir regte sich der Gedanke, nach sieben Jahren noch einmal etwas anderes zu machen. Es schlummerte in mir, aber die Konkretisierung in die Realität war noch unklar.

Warum kam mir überhaupt der Gedanke? Wenn ich mir die Frage stelle und eine ehrliche Antwort suche, so ist der Knackpunkt im privaten Beziehungsbereich zu suchen. Das politische Auf und Ab ist verkraftbar, aber dass aufgrund der politischen Arbeit und ihrer Gefahren Frauen, an denen ich Interesse habe und sie an mir, nicht deswegen mit mir zusammenkommen, lässt mich Zweifel, insbesondere da sich noch ein Kinderwunsch regte, der mir trotz vier langer eheähnlicher Lebensgemeinschaften verwehrt blieb, an meinem Ablauf aufkommen.

Ich suche eine junge, ehrliche, attraktive Frau, aber wie sollte es kommen?

Der Sommer war fast vorbei und die Bundestagswahl Ende September 2002 nahte. 14 Tage davor gab es einen Brief von Gysi und Brie an Lafontaine, in dem die Auflösung der PDS in der SPD in den Raum gestellt wurde. Es folgte sofort eine scharfe E-Mail

meinerseits mit dem Abdanken zum Ende des Monats. Es war der
endgültige Entschluss der Beendigung der politischen Karriere.

Die PDS verlor ihre Fraktionsmehrheit. Oskar Lafontaine feierte sein
Comeback. Was machte ich: Nach der dritten Gesichtsfraktur schrieb
ich Bewerbungen, war Bodyguard in einem Cabaret und wieder mit
einer Bardame liiert.

Es war insgesamt nicht gut gelaufen, auf jeden Fall keine Linie
ersichtlich. Nach drei Jahren war der politische Gegner wieder auf
dem Eis plus die Salonkommunisten nahmen allen wirklich linken
Kräften ihre Distanzierung übel.

Auch Ralph wandte sich nach meiner Entscheidung ab, er entnahm
mir seine Unterstützung. Es war der Dank für jahrelange
Zusammenarbeit. Man sieht, dass man funktionieren muss, egal für
welches System oder Wertestruktur.

Andererseits wäre Oskar nie auf die Bühne zurückgekehrt, wenn ich
mich nicht zurückgezogen hätte. Aber vollkommen unverständlich
und dilettantisch, was auch ein Polizist zu mir sagte, war wieder die
Liaison mit einer Prostituierten.

Rosi erfuhr es und zeigte mich wegen Bedrohung in ihrer Wohnung
an - ich hatte diese über Monate nicht mehr betreten.

Im Dezember musste ich dem Gericht bei einer Anhörung
Rechenschaft ablegen. Am 31.12.2002 erfolgte die Unterbringung in
der Forensik.

Irak

Silvester verbrachte ich auf der Zelle. Schon um 22 Uhr ging eine
Spraydose hoch. Ich merkte, wo ich gelandet war. Es dauerte genau
24 Stunden, bis ich wieder unter die Menschheit gelassen wurde. Ich

freundete mich sofort mit den Rädelsführern an. Sie hatten erfahren von zwei Leuten, dass ich aus politischen Gründen da war.

Es dauerte aber nur bis zum nächsten Montag, dass ich auf die Friedhofsstation verlegt wurde, ich hatte sozusagen nicht ins Bild gepasst. Dort war Toten Stille, so gut wie keine Kommunikation, es waren sozusagen die Lebenslänglichen untergebracht.

Ich ließ mir über die Sozialarbeiterin Sachen besorgen und machte eine Wohnungsauflösung. Ich wartete ab, ob das Oberlandesgericht den Bewährungswiderruf bestätigt, denn ich legte Berufung ein, da dies kein Ort zum Wiederaufbau einer neuen Existenz, sondern vom Äußeren wie Inneren die Hölle war.

Ich war jetzt als sozialtherapeutischer Kommunikationsguerilla noch mehr gefragt als draußen. Ich spielte viel Schach und nutzte den Raucherraum als Kommunikationszentrale. Ich sollte es auf allen weiteren Stationen so machen.

Oskar Lafontaine etablierte sich mit leisen Schritten als SPD-Berater und erhielt wieder mehr Aufmerksamkeit in der saarländischen Presse. Er war jetzt wieder im Vergleich zu mir in der weitaus besseren Position.

Im März 2003 begann der Irak-Krieg. Es passte alles zusammen. Im Herbst des Vorjahres sagten Amerikaner zu mir: „Last chance. Back to the university and ficking babies!" Die Justizministerin dankte ab, weil sie Bush mit Hitler verglich und die alte politische Garde gewann wieder die Oberhand. Alle Neoliberalen forcierten zudem die Agenda 2010. Sollten all diese Jahre ohne mich stattfinden?

Hussein wurde zerbombt, bis man ihn in einem Kellerloch fand. Aber alle Experten waren sich einig, dass für die drei Monate Krieg - völkerrechtswidrig - drei Jahrzehnte Terrorkampf stehen würden. Die Zukunft sollte es beweisen. Angeblich hatte sich Deutschland nicht an dem Krieg beteiligt, aber nur pro forma, damit Schröder die Wahl gewinnt. Tatsache waren Aufklärungsflüge, Nachrichtendienst, sonstige Hilfen für die USA, am gewonnenen Öl hatten wir auch unseren Vorteil.

Der Euro stieg und überholte den Dollar. Innenpolitisch war wieder nach Jahren ein Feindbild aufgebaut. Die arme und arbeitslose Bevölkerung wurde mit Ein-Euro-Jobs zur Sklavenarbeit getrieben.

Alle wussten und später wurde es offiziell bestätigt, dass der Krieg unberechtigt war, da der Irak weder Bin Laden unterstützte noch Massenvernichtungswaffen hatte, aber es ging um wirtschaftliche und geopolitische Interessen.

Ich hatte nur die Möglichkeit das Debakel im Fernsehen zu beobachten und im kleinen Rahmen zu diskutieren, aber ich frohlockte, dass die SPD begann, vermehrt Landtagswahlen zu verlieren. Es zeigte mir, dass der deutsche Bürger nicht blöd ist und sehr wohl reagiert, wenn Wahlen mit leeren Versprechen wie 2002 gewonnen werden. Es war Wahlbetrug!

Hatte ich mich auch aus persönlichen Gründen zurückgezogen, so arbeitete doch die Organisation weiter und das mit Erfolg wie in diesem Jahr und den weiteren zu sehen sein wird, und das mag auch der Grund für die Inhaftierung sein, Rache und Einschränkung, aber der ideologische Glaube an einen gerechten und menschlichen Sozialismus lässt sich nicht ausrotten.

Hieß es im Herbst in Freiheit im Milieu noch: „Das ist der deutsche Terrorist", so wurde ich hier dann auch über Jahre hauptsächlich vom Personal als der „Drahtzieher" gesehen. Ich gab für beide Seiten Angriffsfläche und vielfach stempelte man mich zum Sündenbock ab. Ich trug damit auf einmal nicht nur für die Außenwelt, sondern auch für die interne, kleine Welt die Verantwortung. Es ehrt mich ja einerseits, aber mein Rückgrat musste noch größer und die Schultern noch breiter werden.

Mit der erzkonservativen Klinikleitung solidarisierte ich mich in punkto Drogenbekämpfung. Zu meinen ersten Stunden in der Einrichtung waren 80% breit, heute kommt ein Konsum nur noch in sehr geringen Ausnahmefällen vor. Ich selbst habe außer einem Bier noch keine Droge zu mir genommen, es liegt wohl auch daran, dass die politische Tätigkeit ab meinem 18. Lebensjahr mir den Kick gab.

Wurde ich draußen von vielen Frauen schon als Polizist angesehen - worauf sie auch nicht mit mir schliefen trotz Interesse - so spielte ich diese Rolle nun hier als Undercover. Ich lernte dazu und hatte Erfolg. Naturstone ist besser und wirkliche Erfüllung oder Selbstverwirklichung findet man in beruflichem Tun mit privatem Glück.

Im Oktober, genau am Todestag meines Vaters, sollte ich zum Geburtstag der sizilianischen Sexbombe der Klinik auf die gemischte Frauen-Männer-Station verlegt werden.

Ich fühlte mich auf einmal wohl und feierte eine schöne Weihnachts- und Neujahrszeit und die alten Interessen bzw. Lebensinhalte regten sich wieder.

Die Prostitution

Die Sizilianerin war verheiratet, so dass der Kontakt zunächst distanziert war. Aber ich fühlte mich auch unter den anderen Frauen wohl. Warum auch nicht, es war noch einmal ein neues Lebensgefühl. Angebote bestanden genug, aber ich hatte die Sexbombe im Auge.

Im Januar 2004 trennte sich meine Angebetete von ihrem Mann und es dauerte noch keine acht Tage, dass sie sich mir zuwandte. Wie oft in meinem Leben so entwickelten sich in dem Monat neue Perspektiven.

Ich bestellte auch wieder meine sozialistische Tageszeitung. Das politische Interesse war auch wieder da. Das Personal fragte mich öfters, ob ich aus dem Osten käme und las dann die Zeitung selbst.

Außer der Beobachtung der politischen Entwicklung durch Literatur und Tagesschau geschah im Jahr 2004 nichts. Es war Ruhe und Erholung, so dass ich mich den schönen Dingen im Leben mehr widmen konnte.

Prostitution ist zwar auf dem ersten Blicke etwas Anrüchiges, aber fast alle Frauen auf Station besserten ihre Tabak- oder Geldkasse durch Verkauf von Sex auf. Es machte ihnen noch Spaß dabei und der Mann hatte auch etwas davon, es war ein reelles Geschäft. Heute ist es nicht mehr möglich, weil sie mit alten Männern ohne Kontakt eingesperrt sind.

Auch die schöne Schwarzhaarige verkaufte sich, mir bot sie sich umsonst an. Freundschaft ja, Sex nein, erst wenn wir entlassen sind. Ich legte keinen Wert auf sexuellen Kontakt auf der Toilette, hatte ich noch nie gemacht, denn ich empfinde es als unter meiner Würde.

Sie selbst hatte in Freiheit im Table-Dance angeschafft und zu viel Kontakt zu Drogen. Auch ich hatte ja Kontakt zu Prostituierten, aber noch nie Kontakt zu einer Frau, die Drogen nahm. Jetzt war sie clean, aber heute schon wieder nach Entlassung voll drauf.

Drei Monate Flirten und um Liebe spielen waren schön und ich lernte sie auch näher kennen. Ich hatte ja eigentlich schon ein halbes Jahr früher wieder angekündigt, dass ich mir als nächste Frau wieder eine aus dem Milieu nehme. Es war eindeutig die sexuelle Ausstrahlung und Klarheit in der Beziehung, die mich anlockte. Aber passte das zu der angestrebten „bürgerlichen Existenz"?

Wohl nicht und die bekam ich ab Frühjahr auf der Rehastation zu spüren. Eine Frau - unrentabel - und sonst die Anforderung der sozialen Kompetenz. Ich meisterte anfangs diese Hürde sehr gut, so dass gar schon im September von Entlassung gesprochen wurde, aber unter Bedingungen, die ich nicht akzeptieren wollte.

Ich bockte, zog mich zurück, was der geforderten sozialen Kompetenz einen Abbruch tat. Aber immerhin: Ich sollte aus politischen Gründen in einem Wohnheim verschrottet werden! Wer akzeptiert so etwas?

Mir halfen über diese Zeit die guten Kontakte zur Sizilianerin und meinem türkischen Kumpanen auf Station weiter. Der Chefarzt rückte ins Visier der Konfrontation.

Der Herbst wurde bewegt. Ich orientierte mich nach außen. Mein altes Adressbuch zur Hand nehmend meldete ich bei vielen alten Bekannten, die selbst schon meinten, ich sei verstorben.

Auch zu meiner alten kommunistischen Freundin aus Aachen, just an ihrem Geburtstag kam ein Brief von mir an. Bei ihr war es so, dass sie die Männer aushielt, also genau im Gegensatz zu den Beziehungen meiner letzten Jahre, obwohl ich ja auch massiven Vorteil hatte.

Von meiner Leichtlebigkeit hatte ich nichts verloren. Meine politische Einstellung stimmte auch noch, die Beziehung zu Frauen hatte nicht gelitten. Was sollte ich noch hier? Waren es nicht doch die Familienkriege, die im Herbst 2002 aufflammten, die Auseinandersetzungen, die mein Vater schon führte und ich als Erbe übernahm.

Daran traute ich mich erst später, zunächst waren sie zugeschüttet. Es sollte aber so sein, dass ich auch einen Vorteil von der Aussöhnung haben sollte und nicht nur als Bittsteller dastand.

PKK, ETA und Ersatzreserve feierten Weihnachten an einem Tisch. Es sollten fürs nächste Jahr Entlassungen und politische Siege eingeläutet werden.

Sieg der LINKEN

Für unsere Verhältnisse feierten wir Silvester und Karneval krachend bei Saft und gutem Essen. Aber gerade nach diesen Tagen sollte eine neue Gefahr auftauchen und aufflammen. Ein NPD-Mitglied kam auf Station und stellte das braune Ungeheuer selbst auf meinem Zimmer dar.

Es dauerte drei Tage, bis der erste massive Streit da war. Ich wurde mal wieder und wie so oft als Sündenbock hingestellt. Es ist auch zu bedenken, dass zu der Zeit im Frühjahr 2005 NPD und damals noch PDS mit jeweils fünf Prozent gleich in Wahlprognosen lagen. Es war also Handlungsbedarf.

Die Rechtsradikalen hatten Oberwasser, so dass in den nächsten zwei Monaten noch, wenn auch nur verbale, aber beiderseitig drohende Konflikte mit zwei Patienten entstehen sollten. Der politische Kampf war wieder ausgebrochen. Die Obrigkeit unterstützte die braune Gefahr. Sie war auf dem rechten Auge blind.

In dem kleinen Rahmen zeigte sich genauso die Realität wie draußen im Großen. Mir war klar, dass ich mir wieder ein paar Schrammen abhole, aber in der Hoffnung des Sieges, für den ich auch bereit war etwas zu tun.

Tag der Arbeit: 1. Mai: Ich schrieb einen dreiseitigen offenen Brief an Oskar Lafontaine über die Saar-SPD, in dem ich das „Kriegsbeil" begrub und ihn zu politischem Handeln seiner Gesinnung aufrief. Er ist und bleibt ein Politprofi, der für Rentnerdasein zu schade ist, sondern bei politischer Überzeugung gut für den demokratischen Sozialismus. Er bedankte sich am 20. Mai, just an dem Tag, wo Neuwahlen und eine neue LINKE ausgerufen wurden.

Gregor Gysi kam auch wieder aus der Versenkung, so dass kommunikationspolitisch eine schlagkräftige Truppe für den Wahlkampf gefunden wurde. Ich musste wieder bei der Obrigkeit antreten. Diese hat Angst und verbreitet Angst. Sie sprechen immer von Intelligenz, meinen tun sie Geld verdienen. Die Kaste der Ärzte, ein altes Dilemma.

Ich hatte meine Schuldigkeit getan und zog mich mehr zurück. Ich ließ die Zugpferde kämpfen und schaute mir sehr viele politische

Sendungen an. Hier im kleinen Wahlkampf machte ich Werbung für die neue Partei und ich stieß auf fruchtbaren Boden. Das Gespenst des Sozialismus machte wieder die Runde und viele nervös aufgrund der Umfragewerte. Sollte die Regierung kippen in die „Volksfront"?

So wie die Salonkommunisten im Jahre 2002 mit Pauken und Trompeten aus dem Bundestag flogen, so hielt jetzt eine neue Gruppe verdienten Einzug bei 8%, im Saarland erreichten sie knapp 20% der Wählerstimmen. Es war sicher nicht eine neue Idee, aber die alte USPD der Weimarer Zeit mit kommunistischem Profil war geboren.

Nach der Wahl im September schloss man aus den alten Ausgrenzungsgründen trotz numerischer Möglichkeit keine Volksfront aus SPD, Grünen und LINKEN, aber eine Einheit progressiver Kräfte war in die Realität umgesetzt, die es auch in Zukunft neoliberalen und erzkonservativen Kräften in Deutschland sehr schwer machen sollte.

Obwohl ich während der politischen Arbeit in dem Jahr wieder immense Schwierigkeiten in meinem Umfeld hatte, war es doch auch letztlich für mich ein großer politischer Erfolg, zu dem ich meinen Beitrag leistete, so dass sich zeigte, dass trotz Wegsperren der Kraftbrunnen nicht versiegt.

Woher nimmt man die Kraft auch in schwieriger Situation? In der Sozial- bzw. Milieutherapie beeinflusse ich ja nicht nur den anderen, sondern ich gewinne auch für mich selbst an Erfahrung und weiteren Erkenntnissen über mich selbst, die ich dann wieder weitergeben kann. Es ist Dialektik, die für den Sozialisten nicht nur Ideologie, sondern auch praktische Handhabung in der täglichen Arbeit ist. Ich habe neben der persönlichen Arbeit für meine Interessen genügend Zeit mit den Mitpatienten oder -gefangenen gewinnbringend zu arbeiten.

Neben der Sozialtherapie ist durch Telefon und den guten alten Brief auch die Außenwelt nicht abgeschnitten, so dass der Guerilla zwar nicht nachts durch die Straßen wandern kann, aber doch in der

Kommunikation arbeiten, und wie in diesem Jahr ersichtlich mit Erfolg.

Weihnachten und Silvester waren nicht erwähnenswert und auf dem Plan stand für das nächste Jahr die Entlassungsstation. Ich hatte die Hoffnung, dass meine politische Arbeit dort nicht so torpediert werden sollte. Sozialisten neigen manchmal zu Naivität.

Die Gefahr

Im Januar 2006 hatte ich eine Inhaltsanalyse zum Leitartikel meiner Tageszeitung begonnen. Es sollte ein halbes Jahr dauern und ich kam gut voran. Aber wie oben schon erwähnt, ich bekam Steine in den Weg gelegt. Im März wurden mir drei aufeinander folgende Zeitungen nicht ausgeliefert, ich sollte mich arbeitstherapeutisch wieder integrieren. Ich schrieb einen Brief an die Zeitung und begann Küchenarbeit.

Es war die Folge auf eine Beschwerde gegenüber der Klinikleitung. Der Zwist hatte schon geschwelt, begann jetzt mehr zu lodern und sollte noch richtig entflammen.

Wenn schon nicht regelmäßige politische Arbeit, so konzentrierte ich mich wieder auf die Hardliner im Drogenkonsum. Ich zeigte wie draußen die Rolle des Richters für Probanden, die weder von der Justiz noch von der hiesigen Einrichtung zur Rechenschaft gezogen wurden. Der eine ging drei Wochen nach Holland auf Flucht, mit dem anderen, der im Zeugenschutzprogramm war und seine verräterische, falsche Gesinnung jeden Tag offenbarte, gab es einen deftigen Wortwechsel eines Morgens, der kurz vor der Eskalation war. Er wurde geschützt, ich bekam Lockerungssperre - Sündenbock.

Ich schrieb schon weder eine riesige Beschwerde, sogar mit Kopie ans Ministerium. Ich offenbarte mich unter der Drucksituation auf Station auch zunehmend verbal als der, der ich war, um mir Feinde vom Leib zu halten. Nur hatte ich einen Zweifrontenkrieg begonnen. Ich musste aufpassen, in der Mühle nicht zermahlt zu werden.

Der Sommer war vom Wetter herrlich, so dass ich mir eine ungewöhnliche Bräune anlachte. Im Juni hatte ich Gutachten und einen Monat nachdem es vorlag, sollte ich schnellstens entlassen werden. Kaum zu glauben: Auf einmal war ich stabiler Berufsrevolutionär, zu unbequem für die Klinik!?

Ein weiterer echter Hardliner von der Suchtstation kam zu mir auf die Stube. Wir fuhren sofort denselben Film und haben gar heute noch regelmäßigen Kontakt. Sein Wahlspruch: „Lieber stehend sterben als kniend leben." Wir gingen zusammen in die Stadt, wir schauten zusammen Fernsehen, wir kochten zusammen, er war der einzige, den ich bislang als Zimmerkollegen akzeptierte und mit dem ich einmal mehr als drei Worte sprach. Ich schrieb auch für ihn Briefe ans Gericht, die seine Entlassung unter seinen Vorstellungen verbesserte.

Es knallte gegen Ende des Jahres wieder eine Beschwerde ans Ministerium, dieses Mal eine gemeinschaftliche von allen Stationspatienten. Der Direktor sollte angeschlagen sein wie ich.

Es ist wohl an Komplexität ein nicht lösbares Problem , genaue Kausalitäten zu den folgenden Ereignissen herzustellen, hauptsächlich wie sich später herausstellen sollte, auch noch beweisen zu können, aber im November 2006 begannen immense Bauchschmerzen bei mir, die von allen Ärzten falsch diagnostiziert wurden, von manchen bewusst oder unbewusst mag dahin gestellt.

Die Fahrlässigkeit endete am 16. Dezember mit einer zweistündigen Notoperation: geplatzter Blinddarm mit zitronengroßem Eiterherd im Magen. Acht Tage Erholung im Krankenhaus. Auf der Intensivstation umarmte mich eine Krankenschwester mit den Worten: „Es wird alles gut." Auf der normalen Station sagte ein junger Arzt zu mir: „Sie sind Profi." Solche kleinen Komplimente in der Situation, wo ja Lebensgefahr bestand und ich aber aufgrund meiner guten Konstitution schon nach insgesamt einer Woche wieder zurück war, taten sehr gut, zumal vom hiesigen Personal der Willkommensgruß lautete: „Unkraut vergeht nicht."

Wenn man dies sich unter der Zunge zergehen lässt oder wirklich darüber nachdenkt, hat sich dann seit Einführung dieses Naziparagraphen etwas in Deutschland geändert?

Ich feierte Weihnachten mit 77 kg und Diät, aber der Kaffee und die Zigarette schmeckte wieder. Geblieben ist und wird mich ewig erinnern die 16 cm lange Bauchnarbe. Viele waren froh, dass ich überlebt hatte, aber wiesen mich auch auf interne Diskussionen im Büro hin.

Tatsache ist, dass nach 1995, 1998, 2002 dies das vierte Mal war, dass ich dem Tod tief in die Augen gesehen habe und dies nur aufgrund nur meiner Institution, Ausbildung und körperlichen Konstitution verhindert werden konnte. Diese Erfahrungen kann mir niemand mehr nehmen und erklären oftmals auch außergewöhnliche Verhaltensmerkmale und Einstellungspunkte. Frei leben, wenn ich dem Tod in die Augen gesehen habe: „Lebe jeden Tag so, als ob es der letzte sein könnte!" - Auch mir gelingt es nicht immer.

Silvester schauten mein Zimmerkollege und ich ein Tina-Turner-Konzert, eine Frau, die ich nicht nur wegen Ihrer Musik, sondern auch wegen ihres Lebenslaufs, wo sie nach Scheitern wieder aufstand, bewundere.

Offensive

Eine Woche Ruhepause im Krankenhaus ohne größere Bewegung im Bett hat auch den Vorteil, nachdenken zu können. Am 1. Januar 2007 gründete ich das SPK (Sozialistische Politik Kommando). Der Grundstein für offensive politische Arbeit war wieder gelegt. Auch im Verhältnis zur Obrigkeit der Klinik hatte ich mir vorgenommen, wieder mehr Contra oder Rückgrat zu zeigen.

Das alte Schema der Arbeit und regelmäßigen Stadtausgängen hatte sich wieder eingespielt. Zudem erstellte ich ein politisches Konzept für meine Arbeit: legal, gewaltfrei, gegen wirtschaftliche, politische und juristische Kriminalität, für Aufhebung der Armut und auf jeden Fall für soziale Gerechtigkeit.

Im Frühjahr verbreitete ich meine Vorstellungen mit der Bitte um Unterstützung an mehrere Botschaften und nahm auch wieder Kontakt zu Oskar Lafontaine auf. Er selbst machte den Vorschlag der Integration der Konzeption in DIE LINKE. Ich schlug nicht direkt zu, da ich noch die Erfahrungen mit der PDS und in den 80er Jahren mit der SPD im Hinterkopf hatte.

Zum selben Zeitpunkt ging ich auch offensiv in juristischen Schritten meine Entlassung an, ich machte Druck, so dass es im April mit dem Chefarzt eine Einigung der Beendigung des Aufenthaltes zum 2. Juli gab. Ich war froh und verstärkte noch die politische Arbeit, aber: Die kurze Zeit vor der Entlassung ist die gefährlichste, weil die Schikanen noch manifester werden.

Im Mai wurde die Entlassung abgesagt und jeder kann sich vorstellen, was in mir vorgegangen ist. Ich überlegte nach eigenen Verhaltensfehlern, aber fand keine, waren es äußere Einflüsse, oder nur die Ohnmacht des Probanden. Im Nachhinein fand ich einen Fehler wohl in der allzu großen politischen Sicherheit und Arbeit, die absolut legal, aber nicht konform mit den Vorstellungen und Interessen der Obrigkeit war.

Konsequenz für mein Handeln: Ich knallte eine Anzeige in drei Punkten gegen die Klinikleitung an die Staatsanwaltschaft, insbesondere hinsichtlich der Todesgefahr bei der Blinddarmoperation und nahm mir einen prominenten Rechtsanwalt. Der Partisanenkampf war wieder voll entfacht!

Einen Monat später, als die Anzeige der Leitung vorlag, wurde ich zurück in den Hochsicherheitstrakt verlegt. Praktikumsstelle zum Juli abgesagt, der Kampf loderte: Ich trat am 2. Juli der LINKEN bei.

Zur Überraschung aller nahm ich die Situation gelassen, denn ich hatte mit dieser Maßnahme schon beim Schreiben der Anzeige gerechnet. Abgesehen davon hat jeder Sozialist seine Ideologie, die in solchen harten Fällen hilft, vergleichbar auch mit dem Glauben für einen überzeugten Theisten.

Jetzt waren viele Anwaltstelefonate und Schreiben ans Gericht angesagt. Der Kampf sollte in vollen Breitseiten fünf Monate dauern. Vergleiche zur damaligen Tarifauseinandersetzung zwischen der Bahn und Lokführergewerkschaft sind nicht ausgeschlossen.

Nach zähen Verhandlungen, wo ich mündlich nachgab in Rücksprache mit dem Rechtsanwalt, erfolgte im November wieder die Verlegung auf eine Rehastation: „Wir schaffen Sie hier heraus", hörte ich Rückmeldungen. Der Boden für eine erfolgreiche Zusammenarbeit war aber nicht mehr gelegt. Es blieb beiderseitig eine Vertrauenskrise, und die klinikinternen Voraussetzungen ‚wie ich solle lernen, mich Autoritäten zu unterwerfen, mussten scheitern, da der Therapiewahn soweit ging, dass ich mich gar auf dem Zimmer, oder auf der Arbeit als zweiter Mann profilieren sollte.

Aber in diesem Jahresende hatte ich zwei weitere Kurzgeschichten geschrieben, so dass es insgesamt schon vier waren, ein literarischer Fakt, der ins nächste Jahr und hoffentlich auch in weitere hineinleuchten sollte.

Das war sicherlich das erste positive und das zweite das Bewusstwerden die Zuneigung zu der schönen Eisverkäuferin in der Stadt. Ich sah sie wieder regelmäßiger, wenn auch in Begleitung, die Blicke klebten aneinander, meine Gefühle hatten in der Zeit der Quarantäne zu ihr richtig aufgeflammt und bestehen bis heute.

An der Weihnachtsfeier oblag mir die Aufgabe, die Weihnachtsgeschichte vorzulesen. Ich machte auch als Atheist meinen Job gut, aber insgesamt sollte mein Aufenthalt von Höhen und Tiefen und vielen verbalen Auseinandersetzungen geprägt sein. Silvester war in dem Jahr von der Musik von Madonna geprägt.

Emotionen

Wie schon ersichtlich ist der Jahresanfangsmonat Januar wichtig für die Strukturierung des Jahres. Ich bewarb mich als Journalist bei meiner Tageszeitung in Berlin. Zugleich versande ich meine Kurzgeschichten an einen Verlag.

Nach kurzer Hoffnung flammte dann der Streit mit der Klinikleitung wieder auf, so dass ich beschloss, den Antrag eines Wechsels nach Berlin in die Wege zu leiten.

Weiter ließ ich die Anzeige gegen den Chefarzt, die ich nur mündlich zurückgenommen hatte, über den Rechtsanwalt wieder lodern. Später sollte mein Verhalten als militant juristisch offensiv, aber stark, beschrieben werden. Bei Nachfrage der Deutung sagte man mir: „Wäre es Ihnen lieber, wir hätten Mitglied der Roten Armee Fraktion geschrieben?" Jeder kann sich vorstellen, wie verhärtet die Fronten waren.

Zu meiner Freude war der Verlag bereit, meine Geschichten in einer Collection zum Herbst zu veröffentlichen. Mein Talent, das vielerseits gelobt wurde, fand jetzt auch fachmännischen Zuspruch.

Der Chefredakteur der Tageszeitung schrieb mir auf meine Bewerbung, dass ich vorerst wohl mehr Erfolg bei meinen jetzigen Tätigkeiten hätte und diese im Ziel des demokratischen Sozialismus verfolgen solle. Ich nahm den Rat an und strukturierte so meinen Tag in Schreiben, Lesen, politischer Arbeit und Sport.

Die Erfolge der Partei DIE LINKE im Frühjahr bei den Landtagswahlen im Westen waren ein Erfolg für mich und ich merkte, wie meine eigene Einstellung und mein sozialistisches Bemühen auf einmal anders gesehen wurden. Plötzlich schienen wir salonfähig, obwohl die Obrigkeit Angst bekam und diese weitergab bzw. vermittelte.

Leider platzte im Frühjahr der Wechsel nach Berlin, offiziell weil deren Überbelegung und fehlende Austauschmöglichkeit dies nicht ermöglichte, inoffiziell ließen sie mich hier nicht gehen.

Ich holte mir Rat bei dem erfahrenen Rechtsanwalt und nahm schlussendlich die Anzeige zurück und trat in neue Verhandlungen ein.

Bestand noch immer die Zuneigung zu der hübschen Eisverkäuferin, so nahm ich auch Kontakt zu meiner Verflossenen und meiner Familie auf. Ich hatte mich gedreht. Auch im Umgang mit meinen Mitgenossen und Leidtragenden herrschte ein freundlicherer, friedlicherer Ton.

Der Tag war nach eigenen Richtlinien strukturiert. Ich hatte als Literat meine Bestimmung. Wenn schon nicht externer Journalist, was ja zukünftig noch sein kann, dann wenigstens für die eigene Erfüllung schreiben: Manche mag es interessieren!

Die Obrigkeit führte mit mir ein Gespräch, wo wir beiderseits Fehler einräumten und noch einmal einen Neuanfang unter bestimmten Bedingungen wagen wollten. Bis dato ist es erfolgreich und lässt hoffen.

Das, was oft in meiner Rambo-Tätigkeit fehlte, legte ich nun an den Tag, nämlich wohlwollende Diplomatie. In der Einsicht, dass die Machtverhältnisse nicht zu meinem Besten stehen, gilt es in der Konversation und den Verhandlungen, insgesamt im Ablauf, bestimmt, aber auch kompromissbereit zu sein.

Da ich meine eigenen Ziele, mein eigenes Schicksal in den Vordergrund stellte, bemerkte ich wieder, dass sich zunächst ehemalige Mitstreiter abwandten. Es ist die alte Instrumentalisierung. Funktionierst Du nicht mehr in deren Ego und zu ihrem Vorteil, so wird dies negativ sanktioniert.

Die kurzfristige Leere sollte aber bald wieder gefüllt werden, als der Bundestagswahlkampf durch SPD-Entscheidungen eingeläutet wurde. Der Zuspruch der Mitarbeiter lautete: „Wir stehen hinter Dir, bleib vernünftig!"

Ich bin mir meiner Verantwortung bewusst und will alle Schritte intern und extern durchdenken, um im Ziel der Ideologie und deren Praxis, als auch eigenem Weiterkommen, hauptsächlich unbeschadet, zu denken und zu handeln. Die politische Aktivität soll legal, gewaltfrei und innerparteilich sein.

Demokratischer Sozialismus mit der Methode des sozialtherapeutischen Kommunikationsguerillas muss ja nicht immer auf Sieg oder Niederlage ausgerichtet sein, sondern der Verhandlungskompromiss bei Beibehaltung eigener Vision ist oft ein probates Mittel!

Das Jahr klang aus mit Buch „Oh, süße Lust" und weiterem Schreiben von Kurzgeschichten zu einem Band „Polygamie pur". An der Weihnachtsfeier oblag mir wieder das Vorrecht die Geschichte vorzulesen.

Abendausgang unterhielt ich mich eine Stunde mit dem Chefarzt, der zuvor so mein Gegner war. Es folgten selbst Tänzchen, nicht mit ihm, aber der Ärztin.

Silvester wie immer mit 3sat, aber auch morgendlichem Schreiben, das ich mir angewöhnt hatte, zwei Stunden vor dem Mittagessen.

Vom Saulus zum Paulus

Ich wusste, dass auch nachdem man mir am 5. Januar sagte, ich solle entlassen werden, meinen eingegangenen Strang weitergehen musste.

Schreiben, Sport, wenig, aber effektive Politik als Ideologe. Warten aufs Gutachten und im Frühjahr raus. Wie oft hatte ich es schon gehört! Ich war äußerst vorsichtig.

Der Gutachter war nach Holland verschwunden und das Gutachten schriftlich im Institut angemahnt. Das bedeutete auch nichts Gutes.

Und als es im März kam: Erst Entlassung bei Stabilität im Oktober! Mir war klar und allen Beteiligten, vor der Wahl wollten sie Ruhe vor mir haben.

Und so kann ich dem vorgreifen, was im vorherigen und im weiteren Teil dieses Buches beschrieben wird. Sowohl im Saarland als auch im Bund ist die Volksfront gescheitert und in der Opposition.

Ich habe friedlich meine Ziele mit vielen anderen nicht erreicht. Aber im Frühjahr, Sommer zwei Romane geschrieben, was mir Erfüllung gibt, oftmals beständiger und ruhiger als der politische Enthusiasmus und Kampf.

So bleibe ich auch als Saulus oder Paulus ein politischer Mensch, der seine Ideen verbreiten will, als Schrift, verbal als Coach oder Ideologe.

Die Freiheit seit 1. Oktober 2009 tut gut, auch wenn sie noch etwas begrenzt ist und auch nach der langen Zeit Vorsicht zu beachten ist, wie überhaupt ich gelernt habe, mehr auf mich zu achten und ein stabiles Mittelmaß zu finden, wie es jetzt über Monate Bestand hat.

Was nutzt die Freiheit bei Krankheit? So wünsche ich allen Patienten und denjenigen vom Personal alles Gute und mir obliegt wieder die Weihnachtsgeschichte vorzulesen, dieses Mal gar aus meiner Feder.

November 2009

Die sozialistische Führungspersönlichkeit

Einführung

Jeder führt anders und ist in seinem Stil von der Persönlichkeit abhängig, aber trotzdem gibt es einige Punkte zum Gesamterfolg zu beachten.

In Teil 1 sind persönliche Voraussetzungen des Sozialisten nach Exzerption der Männlichkeit über Mario Puzos Roman „Der Pate" aufgeführt und auf unsere Ideologie übersetzt.

Dann werden in Teil 2 nach Ogger, der den Bestseller „Nieten in Nadelstreifen" in den 90er Jahren schrieb, die Voraussetzungen für eine sozialistische Führungspersönlichkeit in der Gestalt des antizyklischen Managers aufgearbeitet.

In den restlichen drei Kapiteln werden Führungstraining mit persönlicher und Massenführung beschrieben.

Die Abhandlung über die sozialistische Führungspersönlichkeit ist auch mit eigenen Erfahrungen und Erlebnissen angereichert und soll dem kommunistischen Ziel dienen.

Teil 1: Persönliche Voraussetzungen des Sozialisten

Kampf gegen Ungerechtigkeiten in der Gesellschaft. Ein Sozialist muß die Gerechtigkeit - sprich Sanktionen - auch mal selbst in die Hand nehmen.

Ungerechtigkeiten zu bekämpfen ist Ziel der soziologischen Politik und Handelns. Es ist integriert in die Satzung und Inhalte der Partei

DIE LINKE. Wir stehen ein für soziale Gerechtigkeit, Aufhebung der Armut (auch dies als Mittel der Terrorbekämpfung), wirtschaftliche, juristische und politische Gerechtigkeit oder besser da Kapitalismus und neoliberale Politik dominiert, die Bekämpfung derer Korruption und Kriminalität. „Es besteht jedoch keine absolute ideologische Inkompatibilität zwischen der Linken und der Mafia: 'Wenn die Regierung sie fallen lässt, wird sie sich in den Dienst des Klerus stellen; wenn alle sie fallen lassen, wird sie die Revolution propagieren'". (Lupo, S.175) Bildet die Mafia eben einen Staat im Staat (Lupo, S.197), so entsteht dieses gesellschaftliche Phänomen nicht nur in Italien, sondern immer dort, wo der Staat korrupt ist und nicht mehr demokratisch die Interessen der Bürger vertritt, oder gar deren Rechte mit Füßen getreten hat (Lupo, S.118). Es entsteht eine unsachliche Auslegung des Rechtssystems oder nur partielle Mitarbeit bei eigenem Vorteil der gerechten Entscheidung (Lupo, S.158f). Von daher ist ein Sozialist im Widerstand genauso wenig ein Verbrecher wie ein Mafiosi (Lupo, S.218). Für den Sozialist steht die Tat im Vordergrund und nicht das Wort. Man kann Gerechtigkeit predigen, aber praktisch genau das Gegenteil tun. Der Sozialist möchte eine gerechtere Welt, wo nicht die privilegierte Schicht herrscht und den gesellschaftlichen Reichtum abschöpft. Ich selbst habe eine milieu- bzw. sozialtherapeutische Ausbildung in Neapel genossen, um dann politisch tätig zu sein, so dass ich weiß, wie nah die Camorra dem Kommunismus steht (Lupo, S.281). „Die Dialektik des Marktes" (Lupo, S.286) zeigt die Abhängigkeit der Politik von der Wirtschaft (siehe auch Stärke der Lobbyisten in Deutschland), obwohl Wirtschaftspolitik nach Keynes und wachstumsorientierte Nachfragepolitik die Politik stärken können, damit der kleine Erwerbstätige - das Proletariat- nicht verarmt, sondern als Träger der Produktivkräfte wirtschaftlich und politisch reüssiert. Es ist dann die „Antimafia" (Lupo, S.317), die kommunistische Ideologie und politische Macht vereinen und letztlich Vergesellschaftung als Ziel setzen. Es gilt immer dem Schwachen zu helfen und dem herrschenden Ausbeutungssystem Widerstand zu leisten. So kann auch der Terrorist als Freiheitskämpfer für eine gerechte Sache gesehen werden (Lupo, S.327), um Unterdrückung, Unrecht und Armut aufzulösen. Bei aller Fragwürdigkeit und tödlicher Wirkung dieses Handelns, wird dem Gegner die Stirn geboten und es werden aktuelle und partielle Verbündete gefunden. (Lupo, S.382) Die Brutalität des Kapitalismus plus US-Imperialismus und den ausgelösten Wirtschaftskrisen, braucht man sich bei ausgebeuteten Völkern über Einklagen der Rechte - auch Völkerrechte - nicht zu wundern. Es geht im Kampf um Gerechtigkeit auch um Glaubwürdigkeit der eigenen Ideologie und Respekt (Lupo, S.344). Im Namen der Staatsmacht wird so viel, auch haarsträubende Gewalt ausgeübt, so dass der Sozialist seine Rechte und selbst die Sanktionen in die Hand nehmen kann!

Der Sozialist spürt keine Eifersucht oder Abhängigkeit vom anderen Geschlecht

Eifersucht gehört in der kapitalistischen Welt, die auf Besitz und Geld und Eigentum aufgebaut ist, zu den Grundzügen. Eifersucht hat paranoide Züge und lähmt das Leben und menschliche Handeln. Mit der 68er Bewegung entstand eine sexuelle Revolution, die die Monogamie in Frage stellte. In der Urgesellschaft und heutigen Urvölkern ist die freie Liebe oder Polygamie Gesellschaftsstruktur (Ammon, S.269). Es zeigt, dass Eifersucht dem Menschen nicht naturgegeben ist, sondern abhängig von Normen und Werten. Der Sozialist kann frei lieben oder in einer sexuellen Gemeinschaft leben, wo er gemeinsame Ziele, gemeinsame Interessen hat, bei verschiedenen Berufen und Einstellungen, wobei jeder seinen Freiraum behält und auch einen Lebensraum, in den er sich zurückziehen kann (Ammon, S.270). Oft sind aber Eifersuchtsbeziehungen beschneidend und einengend, obwohl es möglich ist gemeinsame Unterhaltung und Erotik und auch Zusammenhalt in der Lebensgestaltung mit keinerlei Schuldgefühlen zu praktizieren (Ammon, S.274f). In der heutigen Gesellschaft sind 30 Jahre ein Job und ein fester Partner sowieso unrealistisch. Der Partnerwechsel ist häufig: 30% geschieden, 30% verheiratet, 30% Single; von Fremdbeziehungen, insbesondere in der Ehe, ganz zu schweigen. Viele Ehen funktionieren wie eine Wirtschaftsgemeinschaft - wie der Staat. Der Sozialist fordert lustvolle, ergiebige Partnerschaft und lässt sich nicht in Eifersucht kastriere. Ich nehme mir Freiheit, aber lasse auch Freiheit zu bei Vertrauensvorsprung und gemeinsamen Erlebnissen. Es gilt sowieso die Regel, dass wenn sich die Partner über ihre sexuellen Wünsche austauschen, diese ausleben, ist Wechsel und Fremdgehen überflüssig. Bei befriedigter Sexualität ist Eifersucht auch nichtig!

Keinerlei Probleme werden mit Alkohol oder sonstigen Drogen gelöst

Für jedes Problem gibt es eine Lösung und wenn man es nicht direkt lösen kann, hilft der Zeitfaktor. Man muss auch bedenken, dass es politischen und sozialen Wandel gibt, der als Umweltfaktor ein positiver Indikator sein kann. Was ich nicht tun sollte, bei Problemen zur Flasche oder sonstigen Drogen greifen. Das Problem ist nach Wirkungsende immer noch da und ich habe Schuldgefühle. Bei Problemen gilt es rational nachzudenken, vielleicht einmal einen Ratschlag einzuholen oder einen guten Zuhörer zu finden. Es sollte jemand des Vertrauens sein, der seine Sichtweise kundgibt. Die eigene Lebenserfahrung ist auch wichtig: Wie fand ich bei ähnlicher Problemstruktur eine Lösung? Der Sozialist hat seine Ideologie und ist als Führungspersönlichkeit politischer Kämpfer. Mit Alkohol als Stresslöser sollte hier sowieso sehr vorsichtig umgegangen werden. Sozialisten haben eine Vorbildfunktion und sollten integer sein. Alkohol ist die legale Droge der westlichen Welt, aber es ist auch vor so genannten politischen Sauforgien zu warnen. DIE LINKE muss sich hier von anderen politischen Parteien und deren Mitgliedern positiv abheben!

Wer mir keine Wertschätzung entgegenbringt, wird wie ein Knecht behandelt

Jeder Sozialist hat Anspruch auf Respekt und Wertschätzung, wenn er sich für seine Ideale im Dienste der Menschen engagiert. Gerade erzkonservative, neoliberale oder gar Faschisten bekämpfen und erniedrigen oder verrufen den kommunistischen Kämpfer, so dass man sich abgrenzen muss. Jeder Mensch, der ehrlich arbeitet, sich um korrekte soziale Beziehungen bemüht, hat Anspruch auf Gerechtigkeit und Demokratie. Heute noch sind rund 30% der Bevölkerung, der politischen Organisationen, auch Parteien mit rechtsradikalem Gedankengut in Deutschland besetzt, so dass diese „Verwirrten" entweder vom Sozialisten bekämpft oder ausgegrenzt werden müssen, sie treten unsere Ideale mit Füßen und Gewalt. Aus der Geschichte heraus besteht in Westdeutschland ein Kommunistenhass, der sich erst langsam durch die Linkspartei auflöst. Wir treten für den ehrlichen Bürger ein und verdienen Wertschätzung. Aus fast 30jährigem Partisanenkampf seit 1979 (NATO-Doppelbeschluss) in der kapitalistischen BRD weiß ich aus eigener Erfahrung wie oft ein „Spießrutenlaufen" entstand, wo die einzige Lösung die strikte Abgrenzung vom politischen Gegner war. Nicht jede politische Auseinandersetzung war erfolgreich, aber als Minderheit für linke und menschliche Ideale einzutreten, verdient für jeden, der diese Ziele verfolgt, Respekt!

Ein Sozialist macht keine sozialen Unterschiede in der Freundlichkeit

Die kommunistische Ideologie als auch das heutige Ziel des demokratischen Sozialismus ist Klassenpolitik: das Proletariat, die erwerbstätige Bevölkerung, der kleine Rentner ist Zielgruppe der Politik. Daher macht ein Sozialist keine Unterschiede in der Freundlichkeit. Die Empfangsdame oder Putzfrau ist genauso wichtig wie der Geschäftsführer oder Direktor. Es zählt der Mensch mit seinen Stärken und Schwächen und nicht der Geldbeutel oder Rang. Das ist wahres soziales Verhalten. Nicht die in sozialen Brennpunkten Lebenden sind die Asozialen. Sondern die, die ohne Rücksicht auf Andere, manchmal sogar die eigene Familie, ihren Vorteil im Sinne von Profit sehen. Der totale Egoismus, der Sozialdarwinismus ist gesellschaftliche Kriminalität. Der Sozialist muss sich in seinen Idealen und Verhaltensweisen von dem Bürgerlichen unterscheiden, als auch der Vermittlung seiner

Weltanschauung und sozialer Kompetenz. Er muss wärmer, menschlicher sein. Als Führungspersönlichkeit ist er auch soziales Vorbild, der freundlich die sozialen, gesellschaftlichen Werte und Normen lebt!

Zeige Demut statt Jähzorn oder hitzigem Temperament

Demut ist ein schwer definierbarer Begriff, hauptsächlich für einen Sozialisten, der ja Mut beweisen muss, aber es ist ein Camorra-Begriff, der sich aus der Menschlichkeit ableitet und bedeutet die Unterordnung dem Willen einer Organisation, wobei omerta (Das Schweigen und die Männlichkeit) die Demut der Mafia ist (Lupo, S.35). Weiter beschreibt Lupo Demut als Respekt und Ergebenheit und die Verpflichtung, alles zu unterlassen, was direkt oder indirekt den Mitgliedern der Organisation schaden kann (Lupo, S.57). Demut hat somit viel mit Disziplin und Pflichterfüllung zu tun und weist rein egoistisches, kapitalistisches Verhalten in die Schranken. Demgegenüber ist Jähzorn oder hitziges Temperament ein Vulkanausbruch der eigenen Machtausübung (Itten, S.8), der in der Emotionalität den Sinn hat, Verletzungen und Ungerechtigkeiten zu bekämpfen. Gerade in der Politik ist diese Verhaltensweise weit verbreitet (Itten, S.115), denn es geht schließlich um Macht. Es trifft mehr Einzelgänger als Gemeinwesen (Itten, S.46), die in Organisationen handeln und leben. Für den politischen Terror ist Jähzorn und Temperament in der dominanten Gefühlsbetontheit ideal, da derjenige unberechenbar und spontan handelt und ein richtiges „Kriegsloch" reißt. Er richtet im Sinne der Gerechtigkeit. Will ich aber langfristig-strategisch und zielgerichtet-diplomatisch handeln, sollte die politische Gruppe gesucht werden, um einerseits sozialistische Ideale zu erreichen und die eigene Individualität in Funktion und Rolle einzubringen! Mit Jähzorn kann ich ein Mal oder mehrere Male gewinnen, aber auch häufig verlieren und Schaden nehmen. Legal und gewaltfrei über DIE LINKE, mit einer großen Gemeinschaft für das Volk und Wohl Deutschlands!

Zeige Stärke in ruhiger Kraft und Intelligenz

Ist der genossenschaftliche Rahmen gesetzt, bedeutet Stärke und erfolgreiches Handeln in der ruhigen Kraft (auch zu finden durch Stressabbau per Sport) und einer intelligent-strategisch-taktischen Vorgehensweise. Die sozialistische Führungspersönlichkeit muss Menschlichkeit mit eigenem Stil der Verantwortung seiner Gruppe (eher Laisser-faire als Befehl und Gehorsam) paaren. Ich kann nicht diktatorisch sein bei gleichzeitiger Forderung nach demokratischem Sozialismus. Ich muss aber auch Kraft für Rückgrat und Mut beweisen. Viele wie auch mich zeichnet die „revolutionäre Ungeduld" aus, die in der Organisation strategisch-diplomatisch geleitet werden muss. Der Sozialist ist auch ein Macher oder Manager der Ideologie. Nun sollte kein Chaos in blindem Aktionismus entstehen. Die Russen sind hervorragende Schachspieler, wo der durchdachte Zug zum Sieg geplant ist. Die sozialistische Führungspersönlichkeit rekrutiert sich meist aus der Bourgeoisie, aber die Intelligenz in ihrer Struktur und Transfer muss der Partei und ihren Zielen untergeordnet sein. Für ruhige Kraft brauche ich Erfahrung, die Intelligenz entnehme ich taktischem Schlawinertum. Erfolg ist planbar und in der Politik gibt es keine Zufälle!

Tue nichts für fremde Mächte: „Putz das eigene Klo"

Ein überzeugter Sozialist beugt sich nicht der kapitalistischen Herrschaft. Ziel soll das kommunistische Ideal sein, dass jeder nach seinen Fähigkeiten und Bedürfnissen lebt. Ein Sozialist sagt Nein zur Unterdrückung. Er putzt das eigene Klo und lässt sich nicht systemimmanent funktionalisieren. Wir bekämpfen die Ausbeutung und sind nicht in Abhängigkeitsverhältnissen der Problemlöser für den Unternehmer mit Profitgier. Der Sozialist steht für Vergesellschaftung und Gemeinwohl, wo der einzelne autark handelt, Unabhängigkeit und „Freiheit durch Sozialismus" spürt. Die neoliberale Tendenz des Manchesterkapitalismus des 19. Jahrhunderts ist zu bekämpfen im Sinne eines demokratischen

Sozialismus des 21. Jahrhunderts. Die Zeit der Diktatur des Proletariats ist auch vorbei, so dass Individualismus und Menschenrechte mit gesellschaftlicher Vernetzung verbunden sein muss.

Großzügigkeit ist persönlich zu widmen

Wie gewinnt man Freunde oder geht mit Parteigenossen jovial um? Das Gute, was man Menschen tut, muss persönlich gewidmet sein. Verbales Lob oder eine Anerkennung unter vier Augen hinterlässt einen nachhaltigen Eindruck. In der Partei ist oberstes Gebot: freundlicher Umgang! Wenn jemand gut gearbeitet, gibt es noch den Verstärker ihn vor allen Mitarbeitern in der Gruppe zu huldigen, Kritik nur hinter verschlossenen Türen, um niemanden bloßzustellen. Das richtige Motivationskonzept ist sowieso Lob und Verantwortung. Jeder hat das Recht, einen Fehler zu begehen, den er einstehen muss und hoffentlich revidierbar ist, jeder Tätige braucht Freiraum für Kreativität. So entstehen großartige Leistungen und Großzügigkeit kann dann von der Führungskraft en masse verschüttet werden, auch als Vorbild für eine Gruppendynamik aller.

Ein Sozialist richtet sich nicht nach anderen, sondern trifft selbständige Entscheidungen

Wie ein Mafiosi, der z.B. ein Unternehmen beschützt, lässt dieser keine Einmischung zu, auch nicht von anderen Mitgliedern der Organisation (Lupo, S.298). Er ist autark in seinen Entscheidungen, so geht auch der Sozialist eigene Wege, was jedoch nicht heißt, dass er nicht von Erfolgreichen - den Autoritäten - Rat einholt. Aber er muss letztlich die Entscheidung selbst treffen - mit eigenem Weg und Verantwortung: selbständig, kreativ, durchsetzungsstark. Wir sind keine Lakaien der kapitalistischen Ordnung. Wir haben das Ziel der Umgestaltung, was jeder Sozialist in seinem Lebensbereich verwirklichen muss. Jeder Sozialist ist Manager der kommunistischen Ideologie mit dem praktischen Ziel demokratischer Sozialismus. Demokratie ist Bürgerrecht und nicht Unterwerfung. Individualität der selbständigen Entscheidung mit Hintergrund der Demut zur Organisation. Der Partei und deren Mitgliedern füge ich keinen Schaden zu bei Einhaltung sozialistischer Normen und Werte, aber ich gehe im Tagleben meinen eigenen Weg!

Eine gute Methode der Absicherung ist es, einen Schutzwall von Freundschaften aufzubauen

Beziehungen sind ein prestigeträchtiges Kapital (Lupo, S. 302) und eine hervorragende Absicherung. Wer sich in der parteilichen Organisationen Freundschaften: Genossen aufbaut, hat mehr Gewinn als durch materielle Güter. Der Manager in der freien Wirtschaft ist allein, vielleicht noch die eigene Familie bei Erfolg, aber letztendlich schafft er sich eine Menge Feinde. Der Sozialist lebt vom warmen, offenen Beziehungsnetz, das emotional und sozialenergetisch Gesundheit, Erfolg und Glück bringt. Dafür ist ein Geben und Nehmen notwendig: auch unter der Prämisse der kommunistischen Ideologie, dass Geben nicht schamlos ausgenutzt wird, sondern positiv sanktioniert. Die Mauer derer, die mit mir durch „Dick und Dünn" gehen, ist härter als Beton und eine Schutzgrenze gegen Gefahren und Zeichen für hohen Nimbus.

Ein Sozialist macht Angebote, die der andere nicht ausschlagen kann

Überzeugungsarbeit ist notwendig, um seine eigene Meinung durchzusetzen. Daher muss das Angebot eines Sozialisten so durchdacht sein, dass auch der politische Gegner keine Chance hat, darauf nicht einzugehen. Die Macht unserer Idee ist größer als die Macht des Geldes des Kapitalisten. Für den demokratischen Sozialismus brauchen wir Verhandlungsprofis, die Härte und Kompromissbereitschaft zeigen, denn sie sollen Angebote machen, d.h. durchdacht verhandeln, damit höchstens ein Jein ertönt. Die Macht der Ideale spiegelt dabei die Volksmeinung wider, derer sich der Gegner unterwerfen muss. Der sozialistische Druck kommt von oben und unten. Neoliberale wollen letztendlich nur ihre Haut retten, damit sind sie gezwungen sich unseren Angeboten kooperativ zu zeigen!

Werde niemals wütend bei Verhandlungen, rede gut zu.

Um inhaltlich ein gutes Angebot durchsetzen zu können, muss die Verhandlung rational mit Für und Wider geführt werden. Wut, Schreien etc. fördert nur Gegenwehr. Verhandlungen scheitern dann an destruktiver Aggression. Wenn ich aber gut zurede und mein Argument stichhaltig und in Gentlemanmanier vorbringe, habe ich Erfolg. Diese joviale Art muss ich beibehalten, wenn ich mit politischen Gegnern spreche: Überzeugungskraft aus meiner ruhigen Kraft und Intelligenz. Jähzorn und Wut sind für den direkten politischen Kampf der Gerechtigkeit probate Mittel. Demokratischen Sozialismus erreiche ich durch Koalitionen und taktisches Handeln. Verhandlungen und gutes Zureden laufen auch über mehrere Schritte bis zum Erfolg. Es gibt auch Pausen, wenn Stillstand erreicht ist. Geduld und Diplomatie sind heute Vorgehensweisen für politischen Erfolg!

Bei der Frage nach der Durchsetzungskraft eines anderen, ist zu ergründen, ob er bereit ist, alles aufs Spiel zu setzen.

Bei Verhandlungen muss ich über Menschenkenntnis verfügen. Wer ist bereit, alles aufs Spiel zu setzen? Seine Karriere, sein Geld, einfach alles, selbst sein Leben. Das ist ein „Sizilianer"! Das ist einmal jemand wie ich, der seinen Vater auf tragische Weise verloren hat. Auch das Ungeklärte offenbarte andererseits viele harte Haltungen und Handlungen. Dies muss ich auch bei meinem Gegenüber einschätzen können, um die Willensstärke und

Durchsetzungskraft beurteilen zu können. Setzt er alles auf eine Karte?: Sieg oder Niederlage, Krieg oder Frieden. Täusche ich mich in der Kraft meines Gegenübers, kann ich mein blaues Wunder erleben. Man sollte in politischen Verhandlungen niemanden unterschätzen und immer seine Hausaufgaben der Recherche machen. Ich muss vom Persönlichkeitsprofil her wissen, mit wem ich es zu tun habe. Oft ist dies in erster sachlicher Unterredung nicht ersichtlich. Durch mein persönliches Schicksal und Leben wurde ich zum erstarkten Verhandler, mit Mut auch einmal abzubrechen und wenn der Gegner schwächer war, auch zu kämpfen, aber ebenfalls diplomatische Lösungen herbeizuführen, je nach Kräfteverhältnis!

Jeder sollte ein Refugium haben

Rückzugsmöglichkeiten sind in der heute sehr schnelllebigen und stressigen Welt sehr wichtig. Man kann dies in der Wohnung oder im Haus mit der Familie leben oder als überzeugter Sozialist eine eigene Wohnung beibehalten, um sich vor eskalierenden Auseinandersetzungen zu schützen. Ich spreche dann mit den „Göttern" und gehe meinen eigenen Dingen nach. Ich tanke Kraft für die oft komplizierten und komplexen sozialen Beziehungen, die mich im gesellschaftlichen Umgang erwarten. Mit meiner letzten langjährigen Partnerschaft hatten wir getrennte Wohnungen, die Woche über Gemeinsamkeit mit Übernachtung und der Sonntag war für jeden alleine bestimmt bei telefonischer Rückmeldung. Die sozialistische Führungspersönlichkeit muss sowieso Strategien entwickeln, von daher ist die Einsamkeit im Refugium notwendig zum effizienten erfolgreichen Handeln!

Die Voraussetzung für Skrupellosigkeit ist Intelligenz

Intelligenz ist das Mittel, um eigene Ideen und Vorstellungen durchzusetzen. Mit Skrupellosigkeit ist nicht gemeint, zum menschlichen „Schwein" oder Diktator zu werden, sondern im sozialistischen Rahmen, die neoliberale und kapitalistische Doktrin zu bekämpfen. Diplomatie, Geduld, Beharrlichkeit und Ausdauer nach strategischem Plan sind dazu gefragt. Intelligenz spricht für Differenziertheit und die Gabe, komplexe Zusammenhänge zu verstehen. Für die Ideale der Arbeiterklasse muss der politische Gegner bekämpft werden und das „skrupellos“ von der sozialistischen „Bourgeoisie“: Die muss aber Glaubwürdigkeit und Integrität leben und nicht nach soziologischem Gesetz der Oligarchie selbst bürgerlich verführbar und korrupt werden. Die sozialistische Intelligenz muss selbst skrupellos von der Basis kontrolliert werden. Diese pragmatische Dialektik ist Fundament des demokratischen Sozialismus!

Denke immer darüber nach, ob der Kampf sich lohnt

Wer Geduld, Diplomatie, Strategie als Sozialist auf seine Fahnen schreibt für Erfolg, sollte sich auch Gedanken darüber machen, ob der politische Kampf sich lohnt. Die Strategie ist rational, das gilt insbesondere für den revolutionären Akt, der dann emotionalisiert. Bei jeder politischen Konfrontation ist die Taktik entscheidend. Partisanenkampf ist ein Vor- und Zurückziehen. Eine Niederlage im politischen Kampf hat meist für lange Zeit verheerende Folgen. Wie bei einer Wette sollte ich mir mit hohem Prozentsatz sicher sein, zu gewinnen oder einen guten Kompromiss zu erreichen. Bei gewerkschaftlichen Streiks ist neben der Mobilisierung der Massen auch ein materieller Aufwand notwendig, der zur Zielerreichung in gutem Verhältnis stehen muss. Widerstand kann die Existenz kosten und jeder sollte sich überlegen, ob dieser Einsatz lohnt. Andererseits muss es in der sozialistischen Bewegung auch Märtyrer geben, die als Vorbilder politische Geschichte schreiben!

Laß andere Dich als Sozialist ruhig unterschätzen

Wer mich in der politischen und sozialen Auseinandersetzung unterschätzt, macht Fehler. Daher ist ein zunächst devotes, weiches, freundliches Auftreten von Vorteil - zielpolitisch strategisch günstig. Ich muss nicht alle Fähigkeiten am Anfang präsentieren, ich lasse mir vieles für den Endkampf übrig. In meiner Persönlichkeit des taktischen Schlawiners ist diese Struktur der Unterschätzung für den Gegner immanent. Er fühlt sich überlegen, persönlich und materiell, auch im Beziehungsfragen erlebt er dann sein „blaues Wunder". Ich habe viele politische Kämpfe so bestreiten können, auch mit langfristigem Erfolg. Strategie und Geduld sind angebracht. Ein chinesisches Sprichwort heißt, dass Du nur lang genug am Ufer sitzen musst, um die Felle Deines Feindes vorbeischwimmen zu sehen. Der Kapitalismus in Deutschland ist nicht von heute auf morgen überwindbar, aber er ist anfällig und vielfach macht das Kapital den Fehler, die Sozialisten, sprich die LINKE zu unterschätzen. Gut für uns, wenn wir dies diplomatisch für unseren Vorteil nutzen!

Ein Sozialist sollte nicht jedem sagen, was er tut und wo er hingeht. Lass anderen die Phantasie und beachte das Gesetz des Schweigens

Omerta bedeutet nicht nur die Männlichkeit, sondern umschreibt auch die Begrifflichkeit Verschwiegenheit. Wir Sozialisten sind in der kapitalistischen Welt Geheimnisträger. Mein Handeln und Tun bleibt bei mir. Andere sollen ruhig im „Dunkeln" tappen, um unseren Schritten nicht zuvorzukommen. Sozialisten sind nicht nur Strategen, sondern auch als „Undercover" Schauspieler. Schweigen ist Gold, Reden ist Silber! Über meine 7jährige politische Tätigkeit im Untergrund ist auch an höchsten juristisch-politischen Stellen nur in Bruchteil, der eh klar war, offenbart, was auch daran liegt, dass die Organisation mafiotisch aufgebaut war. Heute ist das politische Handeln legal und gewaltfrei, aber auch integriert in die Linkspartei, was aber nicht bedeutet, nicht doch Vorsicht und Schweigen walten zu lassen. Lass den Neoliberalen die Phantasie des Stärkeren, wir wissen, dass wir gewinnen!

Vertrauen ist gut, Kontrolle ist besser

Diese marxistische Wahrheit sollte sich jeder Sozialist auf die Fahnen schreiben. Der Kapitalist lügt und betrügt für seinen eigenen Vorteil und Macht und Geld. Man sollte nicht so naiv sein, ihm zu glauben, obwohl er natürlich Vertrauen anpreist. Natürlich ist in privaten sozialen Beziehungen Vertrauen gut, aber wie oft wird der Kommunist verraten? Daher freundlich, diplomatisch, aber kontrolliert, damit die Hand am Steuer bleibt. Kontrolle sollte nicht in der Totalüberwachung enden, aber die Aussagen und Versprechungen des Anderen sollten überprüft werden, ob sie der Wahrheit und Realität entsprechen. Mir persönlich ist der Verrat in der eigenen Partnerschaft widerfahren, von der Familie oder sonstigen Sekundärgruppen ganz zu schweigen. Es geht und ging nur ums Geld. Ich kann auch frei in kleinem Rahmen leben, auch mit kontrolliertem Vertrauen. Das ist zwar aufwendiger, aber die Enttäuschungen und Niederlagen im Leben werden weniger. Besser keine Gesellschaft als schlechte. Wenige, gute Beziehungen sind mehr wert als ein großer Kreis, der nur zu Dir hält, wenn Prestige und Geld vorhanden sind. Kontrolliere nicht nur Deinen Vertrauensvorschuss, sondern auch Dein gesellschaftliches und soziales Handeln, ob es dem demokratischen Sozialismus nutzt!

Tue entscheidende Dinge, aber sprich nicht darüber: Rechtfertige sie nicht und vergiss sie

Wie die omerta, so ist auch die vendetta lebenswichtig. Ich handele in sozialistischer Manier, ohne es groß hinauszuposaunen. Es ist mein politisches Handeln, das zu meiner Persönlichkeit gehört, zu meiner Verschwiegenheit, zu meinem Geheimnis-Ich. Die Öffentlichkeit oder Presse geht es nichts an. Ich bleibe durch mein

Schweigen unangreifbar. Ich brauche mein Handeln nicht zu rechtfertigen und dadurch, dass ich nicht darüber spreche, gerät es auch irgendwann in Vergessenheit. Nicht das Wort ist entscheidend, sondern die Tat. Das Sein beeinflusst das Bewusstsein. Die Blutrache, wie in meinem Fall der Tod des Vaters, lässt den Menschen zu einem überzeugten Einzelgänger werden, der seinen Seeleninhalt nicht in der Gemeinschaft auslebt. Großzügige und lobende Taten gebe ich mit viel Propaganda preis und verkaufe ich richtig, sanktionierende, sprich entscheidende Dinge, tue ich im Verborgenen ohne Publikum!

Ein Sozialist muss Ungerechtigkeiten persönlich nehmen und nach Rache sinnen

Die erfahrene Ungerechtigkeit gegenüber Anderen, als auch persönlich, steht im Mittelpunkt des sozialistischen Handelns. Ich muss das Unrecht bekämpfen, im politischen Untergrundkampf spontan, unbewusst, unberechenbar mit Jähzorn, heute legal und gewaltfrei, vernünftig mit Hilfe der politischen Organisation. Der Sozialist soll auf jeden Fall das Unrecht nicht ungestraft lassen, legale „Rache" nehmen. Die Neoliberalen, das Kapital, auch die Faschisten müssen erbitterten Widerstand spüren. Je stärker die LINKE wird und auch im Westen ankommt, desto wichtiger ist der sporadisch-legale Partisanenkampf. Auch Unrecht wie Armut und Ausbeutung in anderen Ländern ist solidarisch in der politischen Organisation anzuprangern: „Die Internationale erkämpft das Menschenrecht." Menschenrecht bedeutet Freiheit durch Sozialismus. Der Lohnabhängige, die politische Klasse der Intellektuellen steht im Mittelpunkt des Kampfes für Recht und Gerechtigkeit!

Zeige Härte zu Feinden und Demut zu Freunden

Ein Sozialist muss sich abgrenzen. Er kann mit jeder politischen Couleur verhandeln und diskutieren, aber nicht mit Rechtsradikalen bzw. Faschisten. Die braune Gefahr ist hart zu bekämpfen. Man muss auch bedenken, dass im Dritten Reich Kommunisten in Konzentrations- und Vernichtungslager deportiert wurden. Eine richtige Entnazifizierung fand nach dem Krieg in Westdeutschland nicht statt. Das Gegenteil, also ambivalentes Verhalten, ist gegenüber Parteigenossen zu zeigen. Demut: Ich ordne mich den Parteizielen unter. Demokratische Freunde und Bekannte - insbesondere der kleine Mann - ist zuvorkommend und loyal zu behandeln. Das ist kein krankes „Schwarz-Weiß-Denken", sondern politische Notwendigkeit. Auseinandersetzung und Empathie. Der Sozialist muss nicht nur die kommunistische und kapitalistische Ideologie kennen, sondern auch mehrdimensionale Einstellungs- und Verhaltensmuster zeigen!

Es tut gut, hart zu arbeiten

„Arbeit dient der Selbstverwirklichung des Menschen"(Ammon, S.240). In der kapitalistischen Welt erreicht nur ein kleiner Teil diese Prämisse. In der sozialistischen Ideologie steht voran, dass die Arbeit den Fähigkeiten und Bedürfnissen des Einzelnen entsprechen soll. Ich stehe für das Lustprinzip der Arbeit, denn nur so kann harte Arbeit befriedigend und erfüllend sein. Die kapitalistische Arbeit dagegen sieht Mühe, Zwang und Angst im Vordergrund (Ammon, S.246). Die schöpferische und kreative Tätigkeit, die auch Spaß macht, setzt natürlich gesellschaftliche Bedingungen des Überbaus und der Produktivkräfte voraus. „In der Arbeit und in den Produkten der Arbeit erlangt das Tätig sein des Menschen gesellschaftlichen Wert" (Ammon, S.260). Es ist also nicht nur die individuelle Befriedigung der Arbeit entscheidend, sondern genauso bleibt der soziale Faktor zu berücksichtigen. Ausbeutung und Unterwerfung dem Mehrwert dient nur dem Kapital und ist zu negieren in derer Abhängigkeit. Wer sich in seiner Arbeit selbstverwirklicht, leistet in der sozialistischen Produktionsweise gesellschaftlichen bzw. genossenschaftlichen Wert, zudem entsteht und individuelle Befriedigung. Wer Lust an der Tätigkeit hat, dem fällt die harte Arbeit auch nicht schwer in dialektischer Erfüllung!

Hinter jedem großen Vermögen steht ein Verbrechen

Dies müsste auf dem Grabstein jedes Kapitalisten stehen. In großes Vermögen kann ich nur durch Ausbeutung und Unterdrückung erreichen, indem Mehrwert angereicht - die Arbeitskraft ausgenutzt wird. Aber auch Politiker, die Zusatzjobs in Aufsichtsräten haben, verhalten sich gesellschaftlich kontraproduktiv und machiavellistisch. Sie bereichern sich auf Kosten der Bevölkerung, die zu einem Viertel arm ist. Reichtum und Macht ist auch für manchen Sozialisten verführerisch, so dass die Kader hier einen Riegel vorschieben müssen - Kontrolle von unten und oben! Dass Kapitalismus das Verbrechen in sich trägt, muss jedem Erwerbstätigen klar sein, obwohl viele immer die Hoffnung haben, reich zu werden (und wenn es nur der Lotto-Schein ist). So bleibt verwerflich, auf Kosten anderer ein Vermögen anzureichern, Betriebsräte zu kaufen, Schmiergelder für Aufträge zu zahlen, per Lobby politische Interessen durchzusetzen und das noch ohne Gewissensbisse oder Schuldgefühle privat auszuleben. Wir Sozialisten sind daher für die Umverteilung von oben nach unten und das nicht nur durch die systemimmanente Reform sondern auch Vergesellschaftung der Produktionsmittel!

Ein Sozialist aus Schrott und Korn kennt die Armut

Ziel der kommunistischen Ideologie und Praxis soll sein, dass niemand in Armut lebt, sondern alle ausreichendes Einkommen haben (soziale Gerechtigkeit). Nur der wahre sozialistische Führer muss die Armut auch kennen, um das Befinden auch nachvollziehen zu können und mitzuleiden. Er lernt sie im Kapitalismus kennen, denn er wird ausgegrenzt und angefeindet. Wer das Unten kennt, kann das Oben genießen. Nicht nur die Armut, sondern auch Haft oder Exil können prägend sein, ideologisch weiter für die Bevölkerung zu kämpfen. Das neoliberale Deutschland soll wie die USA nur noch in Arm und Reich strukturiert werden, ohne prosperierenden Mittelstand. Mitglieder und Funktionsträger der LINKEN sollen auch aus unteren Schichten rekrutiert werden, denn diese können das Leid am eigenen Leib nachvollziehen. Intelligenz und sozialistische Kraft ist nicht nur abhängig von beruflichen und sozialen Lage, sondern auch der Lebenserfahrung. Wir sind eine Partei der Gerechtigkeit, Glaubwürdigkeit und für die Bekämpfung und Aufhebung der Armut: „Arme an die Macht". Ein Sozialist aus Schrott und Korn ist ein Kämpfer für genossenschaftlichen Reichtum der gleichen bzw. gerechten Verteilung. Selbsterleben ist beste Voraussetzung für sozialistische Politik der Überzeugung!

Jeder hat nur ein Schicksal

Wie oft sehen wir und erleben wir, dass jemand das Falsche im Leben tut und unglücklich ist. Der Sozialist hat das Schicksal, für seine Ideologie sprich Ideale zu kämpfen. Diese Prämisse doktriniert das soziale und berufliche Leben. Der Kapitalist unterwirft sich dem Geld. Ob er in diesem Leben glücklich wird, ist anzuzweifeln. Wie schon beschrieben steht hinter jedem Vermögen ein Verbrechen, so dass die Prämisse Geld Ausbeutung beinhaltet und konträr ist zur sozialistischen Linie. Die sozialistischen Kämpfer erleben die Niederlage und den schicksalhaften Sieg. Die „Stille nach dem Schuss" ist wie eine Heroin-Spritze. Ein langes, erfülltes und gelebtes Leben ist für den Kommunisten trotz Anfeindung und Verfolgung nichts Außergewöhnliches. Mein Schicksal bestimmte sich über Jahrzehnte mit dem Partisanenkampf unterschiedlicher Ausprägung - mit viel Leid und vielen schönen Erlebnissen!

Wer dem Tod in die Augen gesehen hat, kann frei leben

Der politische Kämpfer kennt seine Attentate, aber unzählbar sind die auf ihn. Bestes Beispiel ist sicherlich Fidel Castro, aber auch ich erlebte im Wahlkampf 1998 den Schießbefehl und beinahe das Erschlagen-Werden. Die Situation ist natürlich bedrohlich, aber schon vorher lebt man beinah jeden Tag, als ob es der letzte sei. Es ist die Befreiung von Konventionen für die politische Arbeit. Ängste sind abgebaut, die sozialistische Freiheit als Paradies auf Erden wächst. Man hört es öfter, auch von Nicht-Sozialisten, dass jemand nach Todesgefahr seinen zweiten Geburtstag feiert. Es entsteht eine Lebenskultur, die die eigenen Bedürfnisse über die gesellschaftliche oder soziale Kontrolle stellt. Unabhängigkeit im Leben und Denken ist auch sozialistisches Ideal. Ein Kämpfer sieht notgedrungen öfter dem Tod in die Augen und ist daher Vorbild und prädestiniert für den demütigen, organisatorischen, legalen und gewaltfreien Kampf für die Rechte der Lohnabhängigen und Armen, kurzum für eine gerechte Gesellschaft!

Ein Sozialist hört lange und geduldig zu

En Sozialist und gerade eine sozialistische Führungspersönlichkeit muss ein guter Verhandler sein. Abgeleitet von der mafiotischen Struktur sagt Lupo: „Da die Mafia einen Staat im Staat bildet, benötigt sie eine schmückende Person, die sie, beinah wie ein bevollmächtigter Minister, in den diplomatischen Beziehungen mit dem anderen Staat repräsentiert." (Lupo, S.197) Die Ziele und auch der Interessenausgleich müssen klar umschrieben sein, so dass langwierige Verhandlungen diplomatisch erfolgreich sind. Ich muss dem Gegner zuhören und geduldig sein. Ich muss aber auch das Rückgrat haben, Verhandlungen abzubrechen und mich mit meiner Organisation wieder zu beraten. Wenn ich lange zuhöre, erfahre ich viel über den politischen Gegner, über die ruhige Kraft der Intelligenz haben wir ja schon gesprochen. Diplomatie ist ein Geben und Nehmen, wobei die unterschiedlichen Machtpositionen nicht unberücksichtigt bleiben dürfen. Verhandlungen sind vorzubereiten, durchzuführen und nachzubereiten. Auch hier spielt der Faktor Zeit, sprich der soziale, wirtschaftliche und politische Wandel eine Rolle. Neben den gewählten charismatischen Führern muss jede sozialistische Organisation auch über Ideologen, Verhandlungsprofis und Kämpfer verfügen!

Jähzorn und ein aufbrausendes Wesen führen unweigerlich zu Misserfolgen

Die negativen Erscheinungen von Jähzorn und einem aufbrausenden, unsachlichen Wesen schildert Itten so. Es können Karrieren zerstört werden (Itten, S.51), mit Alkohol oder Drogen ist der Jähzorn mörderisch oder gewalttätig (Itten, S.61), es entsteht ein Chaos, aber der Jähzornige kann wie schon angedeutet im Kampf für Recht und Gerechtigkeit der Richter sein (Itten, S.73) und damit sehr erfolgreich. Politische Kämpfer oder Rebellen handeln so in einem Akt der Selbstjustiz (Itten, S.122), wofür sie aber rechtlich die Konsequenzen tragen müssen. Die Frage ist natürlich, ob ich diese positiven Erscheinungen nicht auch in vernünftigem, ruhig sachlichem, legalem, gewaltfreiem, diplomatischem - dem Bewusstsein - Handeln erreichen kann, wenn somit keine soziale oder juristische Kosten entstehen. Hier muss betont werden, dass die ruhige Kraft der Intelligenz dauerhaft erfolgreicher ist als der kurze Gefühlsausbruch und Schlag mit dem Schwert. Zu bedenken ist jedoch, dass dominant-gefühlsbetontes oder rationales Verhalten und die zugrundelegende Einstellung Charaktersache ist und jeder Mensch bezüglich seiner Stärken und Schwächen beruflich einsetzbar und erfolgreich sein kann. Somit ist auch der Erfolg der LINKEN mit der Vielzahl der unterschiedlichsten Köpfe oder Anhänger neben Mitgliedern politisch planbar, indem genossenschaftlich organisiert sie zum Gesamtziel demokratischer Sozialismus eingesetzt werden.

Ein Sozialist muss besonders wachsam sein, wenn der Gegner nachlässt

Das ist eine wichtige Erkenntnis, die für jede politische Auseinandersetzung gilt. Ein Tier stellt sich auch tot, um den Gegner auf eine falsche Fährte zu locken. Mir ist es im politischen Kampf auch schon passiert, dass nach Turbulenzen Ruhe war und ich schon Vorfreude über den Sieg hatte. Verheerend, ich bin auf die Taktik des Gegners hereingefallen und habe Fehler gemacht. Die eigene Strategie der ruhigen, geplanten Intelligenz ist durchzuhalten, egal wie der politische Gegner sich verhält. Es ist sogar so, dass bei nachlassendem Druck noch mehr Vorsicht und Wachsamkeit angesagt sind. Partisanenkampf ist so zu gestalten, dass auf eine Attacke des Gegners zwei eigene folgen. Es ist natürlich, dass bei solchen Auseinandersetzungen der Gegner Ruhe braucht, um neu zu laden, wobei ich vorbereitet sein muss. Strategische Stärke ist es, die List des Anderen zu erkennen und erfolgreich zu bekämpfen!

Besondere Eigenschaften eines Sozialisten sind Ehre und Wildheit

Die Ehre eines Mannes ist ein sein Stolz und sein Wille. Auf Leistungen in meinem Leben kann ich stolz sein, genauso auf meine Familie, regionale Zugehörigkeit und sozialistische Ideologie. Meinen Willen und mein Rückgrat lasse ich mir von niemandem brechen. Die Wildheit ist vergleichbar mit der eines Indianers. Er kämpft für seine Rechte, Freiheit und sein Volk - gegen Unterdrückung und Raub. Diese Charaktereigenschaften zusammengefasst machen einen Ehrenmann aus, die wahre sozialistische Führungspersönlichkeit, die mit erhobenem Kopf und geschwellter Brust für den Kommunismus kämpft. Ich sollte auch stolz auf die Partei DIE LINKE sein, um aktiv zu gestalten und Ehre und Wildheit zu vervielfältigen im gemeinsamen politischen Ziel. Besondere Ideologien für das Menschenrecht erfordern auch besondere Eigenschaften, die wenn ich sie als Vorbild lebe durch eine ganze Organisation oder Volk gehen können!

Ein Sozialist mit Bauch steht für Macht und Mut

Der Bauch symbolisiert Sicherheit. Man lehnt sich an und fühlt sich geborgen. Indem ich eine positive Ausstrahlung auf meine Umwelt ausübe, symbolisiere ich Macht und Mut. Die beschriebene Ehre und Wildheit zeigt sich auch in der Physiognomie. Wecke ich viel Vertrauen bei der Bevölkerung, vergrößert sich meine Macht und durch Mut in der sozialistischen Arbeit steigt ebenfalls meine Anerkennung. Der Bauch steht auch für ruhige, geduldige Kraft. Es soll keine Fettleibigkeit sein, sondern die Ausstrahlung des padrone, der für seine Familie und Organisation geradesteht. Die resultierende Macht muss aber in glaubwürdigen sozialistischen Zielen kanalisiert werden, und nicht zum egoistischen Selbstzweck werden. Die Partei muss kontrollieren, damit jeder im Dienst der Gesellschaft bleibt!

Freiheitsliebend ist der Sozialist, der geduldig zu hört und nicht daran denkt, sich der Herrschaft anderer zu beugen

Der Sozialist darf sich nie in die Position des Untergebenen drängen lassen (Lupo, S.341), er muss das Gespenst des Kapitalismus sein. Ideal ist die sozialistische Freiheit, ohne sich der Herrschaft der Neoliberalen zu beugen. Das Kapital übt durch Unterdrückung und Ausbeutung der Werktätigen Macht und Herrschaft aus, wobei Gewerkschaften, linke autonome Kräfte und die Partei Widerstand ausüben müssen. Diplomatisch gilt auch hier, ruhig zu bleiben, lange zuzuhören, um zu taktieren, aber ich beuge mich nicht. Das Kapital verlangt immer Offenheit und Vertrauen, um Herrschaft auszuüben. Der Sozialist hat seinen eigenen Willen und verfolgt konträre Ziele. Ich bekämpfe die Korruption, Wirtschaftsverbrechen und schmälere Macht und Herrschaft der Neoliberalen. Ich arbeite nicht für das System, sondern für meine Organisation, diplomatisch-strategisch. Verschiedene Ziele erfordern auch verschiedene Standpunkte. Der Sozialist lebt seine Freiheit im persönlichen Bereich und kämpft für die Freiheit des Bürgers!

Jeder sollte sich um seine eigenen Angelegenheiten kümmern

Es geht nicht um den sozialdarwinistischen Spruch, dass jeder egoistisch nach seinen Zielen handelt für eine erfolgreiche Gesellschaft, sondern für einen Sozialisten ist es wichtig, dass er zunächst seine Probleme löst. Erst dann hat er die Kraft, anderen hilfreich zur Seite zu stehen, aber nicht dem politischen Gegner. Jeder sollte sich um seine eigenen Angelegenheiten kümmern, abgegrenzt vom „Helfersyndrom", sondern nach dem Prinzip „Hilfe zur Selbsthilfe". Wenn ich Kraft aus eigener Lösungsproblematik schöpfe, habe ich hervorragende Voraussetzungen für soziale Kompetenz. Der menschliche Umgang bei Sozialisten sollte warm und offen sein, aber mit gesunder Distanz. Wenn ich natürlich beruflich Sozialberatung mache, ist es meine Aufgabe, Probleme anderer zu lösen. Aber auch hier vergesse nicht die eigenen Angelegenheiten, denn nur dann kann ich die anderer lösen. Sei sozial und gerecht, aber auch hart zu Dir und Deinem Gegner!

Bei allem ist Vorsicht walten zu lassen

Vorsicht ist das rationale Abwägen des Risikos einer Handlung. Wenn ich mich politisch engagiere, muss ich wie schon beschreiben, diplomatisch-logisch-strategisch meinen Erfolg abwägen. Es gilt immer wachsam zu sein, denn der politische Gegner kann zurückschlagen und wenn ich unvorsichtig, d.h. ohne Deckung bin, droht mir eine Niederlage. Ich kann auch furchtlos über das Ziel hinausschießen - derselbe Effekt. Jähzorn im politischen Kampf ist unberechenbar, temperamentvoll, spontan ohne Rücksicht auf Verluste. Die Diplomatie für eine Organisation bedeutet Für und Wider mit Ziel abzuwägen. Eine Verhandlung kann heute scheitern; weil ich vorsichtig bin und strategisch handele zu einem späteren Zeitpunkt jedoch unter anderen Vorzeichen erfolgreich sein. Taktik, Stolz, Mut und Machtgebrauch bei Demut zur LINKEN und Vorsicht gegenüber der Stärke des Kapitals werden den Sozialismus mittel- und langfristig in Deutschland erfolgreich machen!

Ein Sozialist trennt Beruf und Familie. Der Partner sollte nichts Wesentliches über die Arbeit wissen, denn sonst entsteht Abhängigkeit, die Erfolg behindert.

Paradebeispiele der politischen Inkompetenz waren Gorbatschow und Reagan, die beide mittels der Ehefrau Politik machten. Politische Arbeit ist in der Organisation mit den Fachkräften zu gestalten und nicht im Schlafzimmer. Ich weiß, wovon ich spreche, denn Arbeitsprobleme mit der Partnerin zu besprechen, macht abhängig. Es entsteht Neid, Missgunst, Rivalität, destruktive Aggression - alles hinderlich. Ein Sozialist trifft wohlüberlegte, unabhängige Entscheidungen, für die er die Verantwortung trägt und nicht die Familie. Der Mann ist im Kommunismus sowieso nur der „gute Freund" als Partner und Vater der Kinder, von daher ist Distanz und Abgrenzung notwendig. Die Partei ist sicherlich Sekundärgruppe, aber mit enormer Wichtigkeit für die gemeinsame politisch-strategische Arbeit. Das Ideal der Aufhebung der Trennung von Arbeit und Freizeit werden wir alle wohl nicht mehr erleben - höchstens Einzelpersonen, nicht die Mehrheit der Bevölkerung - und den Egoismus der menschlichen Natur (auch gelegt im Selbsterhaltungstrieb) bleibt auch bei sozialer Begrenzung zu akzeptieren. Wir wollen die Veränderung in den modernen demokratischen Sozialismus des 21. Jahrhundert, aber mit Realitätssinn und persönlicher Disziplin!

Teil 2 Voraussetzungen für eine sozialistische Führungspersönlichkeit als antizyklischer Manager

Abbau von Hierarchien

Die sozialistische Führungspersönlichkeit soll demokratisch arbeiten und dazu ist eine Arbeitsweise notwendig, die keine feste und starre Hierarchie beinhaltet. Als ich in jungen Jahren in einem amerikanischen EDV-Konzern im Management anfing, lernte ich schnell, dass es ein Organigramm gab, aber ich dafür bezahlt wurde, zu „machen" (managen) und durch das ganze Unternehmen bis zum Geschäftsführer zu diskutieren und Entscheidungen zu treffen für erfolgreiche Arbeit in meinem Aufgabengebiet. Es galt auch die Regel, dass jemand, der länger als zwei Jahre den einen und selben Job hat, nicht erfolgreich arbeitet. Neue Aufgaben, Positionswechsel, Flexibilität. Alle amerikanischen Unternehmen haben 5-Jahres-Pläne, die der Sozialismus übertrug. Die sozialistische Führungspersönlichkeit soll die Effizienz und Effektivität übernehmen, aber nicht das Unmenschliche, dass alles dem Profit unterworfen ist und Mitarbeiter wie Zitronen ausgepresst werden. Harte, unhierarchische, flexible Arbeit macht Spaß, weil sie fordert, aber sie muss dem sozialistischen Ziel und Ideal dienen!

Risikobereitschaft

Das Risiko entscheidet über Sieg und Niederlage. Wenn ich auch vorsichtig Für und Wider gegeneinander abwägen muss, gilt der Spruch: „Wer nicht wagt, der nicht gewinnt!" Der Manager muss eine Analyse machen und auf sein Ziel zusteuern. Die sozialistische Führungspersönlichkeit muss genauso handeln und bereit sein, für den Erfolg einen eventuellen Schaden hinzunehmen. Auf dem Punkt beharren ist Stillstand und dient nur denen, die mich durch politischen, sozialen und wirtschaftlichen Wandel überholen. Eine gute Methode der Risikobereitschaft ist Projektmanagement, um den Erfolg zielgerichtet zu planen. Dazu ist nicht nur der Einzelne gefordert, sondern eine ganze Organisation im Stab. Ob eine Revolution so planbar ist, mag ich nicht zu beurteilen, weil zu viele Faktoren eine Rolle spielen, aber der konkrete politische Kampf oder Wahlen und die späteren Koalitionsverhandlungen sind so im Risiko bzgl. Sieg oder Niederlage abwägbar. Zu bedenken bleibt eben immer die Maxime, dass es in der Politik keine Zufälle gibt!

Witterung profitabler Geschäfte

Nicht nur Kapitalisten sondern auch Sozialisten müssen volks- und betriebswirtschaftlich clever sein. DIE LINKE sieht wie die sozialistischen Länder Lateinamerikas, China, Vietnam die Globalisierung als Möglichkeit der Mehrung gesellschaftlichen Reichtums, wobei im Gegensatz zu Neoliberalen eine sozial gerechte Verteilung vorhanden sein muss. Auch die sozialistische Führungspersönlichkeit muss profitable Geschäfte wittern bzw. erkennen, denn jeder Betrieb soll effizient arbeiten, um Fortschritt zu ermöglichen. Aber es gilt die Regel: Von 10 Ideen sind vielleicht 1 bis 2 brauchbar. Ich muss im Team diskutieren und Meinungen von Fachleuten einholen. Sozialismus bedeutet auch Offenheit und die Relevanz positiver wie negativer Kritik zum Wohle der Allgemeinheit. Die Organisation muss auch schlank sein, um schnell zu reagieren, wenn ein profitables und gesellschaftlich positives Geschäft in Aussicht steht. Sind die Unternehmen in Privatbesitz, wird der Profit nicht sozialisiert, sondern nur die Verluste. Daher muss die Vergesellschaftung der Hauptproduktionsmittel Voraussetzung für das effektive Managen der sozialistischen Führungspersönlichkeit für das bürgerliche Allgemeinwohl sein, sonst bleibt dessen Handeln zynisch!

Strategisches Denken

Die Soziologie steht für die Bekämpfung des Unrechts in der Gesellschaft, Marketing steht für das strategische Denken. Ein Sozialist benutzt es für eine gerechte, soziale und friedliche Gemeinschaft. Man muss Pro und Contra sehen, man muss wissen und abwägen können, was für Folgen eine Maßnahme hat. Die Strategie ist der Marketingplan mit vielen Details zum geplanten Ziel und Erfolg. Dazu ist Intelligenz, logisches Denken und Handlungsfähigkeit notwendig. Mut und Durchsetzungskraft müssen daher auch für die sozialistische Führungspersönlichkeit sprechen, strategisches Denken setzt aber auch positives Denken voraus. Ich muss an den Erfolg glauben. Nicht nur im sozialen oder kommerziellen Marketing, sondern auch im politischen muss ich meine Meinung durch Externe in der Organisation von Oben und Unten kritisch überprüfen lassen. Wenn ich dann überzeugt bin, muss ich richtig pushen und supporten. Erfolg ist strategisch planbar. Die Niederlage gehört zum Leben und es gilt: „Einmal mehr Aufstehen als Hinfallen!"

Mit Menschen umgehen können

Für jede Führungskraft ist es wichtig, mit Menschen umgehen zu können. Ich muss gerne unter Menschen sein. Dafür es notwendig, neben dem beruflichen auch einmal ein privates Wort zu wechseln. Die sozialistische Führungspersönlichkeit sollte einen offenen und warmen Rahmen ziehen, wo Ängste und Hemmungen abgebaut werden. Das Humankapital ist die wichtigste Ressource, die den Mehrwert schafft, der in der kommunistischen Ideologie sozialisiert wird. Ich führe durch Lob und Verantwortung, was auch die beste Motivation ist. Jeder Mitarbeiter ist dann in seinem Bereich bei Qualifikation zu Spitzenleistungen fähig. Der Sozialismus sieht ja nicht nur eine andere Gesellschaftsform vor, sondern auch ein anderes Menschenbild, wo die Sozialität, das Gemeinwohl vor allzu egoistischem Geld- und Prestigedenken steht. Ich führe nicht nur für altruistische Ziele, sondern auch für soziale Kompetenz und sozialen Charakter. Beide deutsche Staaten, die 1989 vereinigt wurden, unterscheiden sich immer noch im sozialen und politischen Verhalten trotz gleicher Rahmenbedingungen. Der Sozialismus hat positiv gewirkt und wird wieder erfolgreich sein, nur nicht mehr als Diktatur. Mit Menschen muss ich gerecht umgehen, auch wenn sie nicht gleich sind, aber jedem eine gleiche Chance und oberste Prämisse sollte Offenheit und Ehrlichkeit sein.

Aneignung von Fachwissen nach Bedarf

Den Turbomanager, der alles im Kopf hat und alles weiß, gibt es nicht. Daher muss die Führungskraft immer lernfähig sein und sich

Wissen aneignen, wenn es benötigt wird. Dabei muss er bereit sein, Wichtiges von Unwichtigem zu unterscheiden und auch einmal Mut zur „Lücke" beweisen. Je höher die Führungsebene, umso weniger steckt auch die sozialistische Führungspersönlichkeit im Detail. Ich muss den Rahmen abstecken und baue auf meine Mitarbeiter in der Organisation. Hier gilt aber der altverlässliche Spruch: „Vertrauen ist gut, Kontrolle ist besser!" Bei neuen Aufgaben muss ich mich schlau machen, um nicht vollkommen ohne Kenntnis und Überblick zu sein. Bei einer gut funktionierenden Organisation greift jedes Zahnrad ins Nächste, so dass ein effektives Ergebnis herauskommt, wo nicht allein die Spitze, sondern alle profitieren. DIE LINKE als politische Genossenschaft baut auch auf aktive Mitglieder verschiedener Qualifikation, die in unterschiedlichen Fachrichtungen arbeiten. Der gesellschaftliche Wandel ist heute so schnell, dass ich immer dazulernen und mich mit anderen austauschen muss. Über 70.000 Mitglieder und 15% Wahlbevölkerung sind ein riesiges Reservoir, so dass wenn es in Persönlichkeiten und Qualifikationen richtig genutzt wird, der demokratische Sozialismus in Koalition erreicht werden kann!

Kein Wert auf Statussymbole

Für einen Sozialisten sollte das gar nicht erwähnenswert sein, sondern selbstverständlich, dass Statussymbole nicht relevant sind für ihn. Es ist etwas Kapitalistisches: Geld, große Autos, Swimmingpool im Haus etc. Aber die Erfahrung zeigt, dass auch für hochgestellte Persönlichkeiten im Sozialismus manchmal das Geld und gar die Korruption oder gar die persönliche Bereicherung lockt. Das Gemeinwohl muss aber an erster Stelle stehen und nicht der Eigennutz. Das ist oberstes Ziel und der Kommunist muss noch strenger kontrolliert werden als der Neoliberale, wenn es nicht eine Selbstverständlichkeit ist. Die sozialistische Führungspersönlichkeit darf sich nicht die Selbstverwirklichung in Geld, Prestige und Ruhm holen, sondern im Handeln für den Gemeinnutz und die kommunistische Ideologie. Wenn es dem Bürger gut geht, er sozial, wirtschaftlich, politisch befriedigt ist und gerecht behandelt wird, dann habe ich meine Aufgabe erfüllt. Der erfolgreiche kapitalistische Manager verfügt zwar über großes Einkommen oder Vermögen, aber nur wenige Freunde, und muss immer aufpassen, dass nicht ein anderes Raubtier ihm alles nimmt. Geld beruhigt, macht aber nicht glücklich. In der DDR übrigens hatte jeder Arbeit und Geld. Nur wenige wurden im Kapitalismus reich, die Masse verarmte. Zurück zur Natur, zurück zum kommunistischen Manifest!

Aufrichtigkeit, Kompetenz, Kreativität

Kompetenz ist notwendige Voraussetzung für eine Führungskraft wie Fachwissen. Der antizyklische Manager muss gut qualifiziert sein, die sozialistische Führungspersönlichkeit als Kader gar den Sozialismus und Kapitalismus kennen. Aufrichtigkeit hat viel mit Ehrlichkeit zu tun. Verschlagenheit, die Lüge oder das Hintergehen - typisch für Neoliberale - ist von sich zu weisen. Hier müssen Mut und Rückgrat stehen. Kreativität ist durch eine unhierarchische, freie Ordnung planbar. Wenn die Mitarbeiter ihren eigenen Verantwortungsbereich haben, eigene Entscheidungen treffen können, auch einmal ein Fehler erlaubt ist, entwickelt sich Kreativität, auch als Grenzgänger zum sozialistischen Wohl. Sozialistische Mitarbeiter sind immer besser qualifiziert, verhalten sich loyal und entwickeln überdurchschnittliche Kräfte, wobei die sozialistische Führungspersönlichkeit den globalen Rahmen mit Verhandlungsgeschick auf allen Ebenen abstecken muss. Ich muss das Unmögliche versuchen, um das Mögliche zu erreichen. Dabei sollte ich aber nicht außer Acht lassen, dass die kapitalistischen Gegenkräfte das sozialistische Ideal sabotieren wollen. Aufrichtig, kreativ, hohe Kompetenz und wehrhaft muss ich sein. Schwierig, aber an schwierigen Aufgaben kann ich wachsen und Erfüllung finden!

Fighting Spirit

Die sozialistische Führungspersönlichkeit muss eine Kämpfernatur sein. Wir stehen im Wettbewerb zur kapitalistischen Ideologie und kämpfen gegen Ungerechtigkeiten und Pauperisierung in der Gesellschaft. Wir haben die sozialistische Ideologie entgegenzuhalten und praktische Methoden der Verwirklichung des demokratischen Sozialismus. Fighting Spirit bedeutet auch Sportsgeist- Kämpfer - Spieler - Gewinner wie Verlierer. Ich muss mich für meine Organisation und Glauben (Das Paradies auf Erden) einsetzen und ein wahrer Gegner für meine Kontrahenten sein. Auch in der Partei gibt es Richtungskämpfe, die demokratisch-ideologisch ausgetragen werden und wo ich meine Position mit allem kämpferischem Nachdruck vertreten muss. Demut zu Freunden und Härte zu Feinden wie bei den Merkmalen des Sozialisten schon erwähnt, was auch beinhaltet, dass ich eine schlagkräftige Truppe für die sozialistische Idee zusammenstellen kann. Allein auf die marxistische Theorie des Widerspruchs von Produktivkräften und Produktionsverhältnissen zum Umbruch zu hoffen, reicht nicht aus, sondern wichtig ist auch das Tun, die Tat! Ohne sozialistische Führungspersönlichkeiten, die das Zepter im richtigen Moment in die Hand nehmen, gibt es keinen ideologisch-pragmatischen Fortschritt.

Ethik, Ehrenkodex

Die sozialistische Ethik ist das Menschenrecht und die Nächstenliebe. Genauso sind darunter auch Ausländerfreundlichkeit, Antikriegspolitik und Befreiung von Versklavung und Ausbeutung zu verstehen. Es ist genau das Gegenteil zur kapitalistischen Doktrin der Akkumulation des Kapitals und Profitmaximierung zu Lasten sozialer Kosten. Ethisches Verhalten steht auch gegenüber religiösem Verhalten, das der Neoliberalismus und Sozialdarwinismus unterstützt als „Opium des Volkes". Zur sozialistischen Ethik gehört ebenso moralisches Verhalten, den Anderen nicht zu verletzen, denn die Freiheit des Anderen ist auch meine. Dies bedeutet, dass die sozialistische Führungspersönlichkeit auch privat ein Ehrenmann sein muss im Sinne eines idealistischen Ehrenkodex. Da hapert es sicherlich bei vielen, die diktiert von egoistischem Verhalten und Machtstreben sind. Die sozialistische oder noch besser die kommunistische Frau - wenn ich an Sahra Wagenknecht denke - spiegelt da mehr Ethik und Ehrenkodex als die noch führenden, etwas greisen Herren, die zwar oft sozialistisch reden, aber nicht danach leben. Meiner Meinung demzufolge steht die Hoffnung auf die unverbrauchte Jugend mit kämpferischen Idealen. Nichts desto trotz ist DIE LINKE gut strukturiert und im Aufbau, aber der subjektive Faktor darf nicht übersehen und muss als Spiegel vorgehalten werden!

Allgemeinbildung

Allgemeinbildung sollte in der Schule vermittelt werden und man kann durch Literatur und Fernsehen in verschiedenen Richtungen auf dem Laufenden bleiben. Für mich persönlich war immer eine hohe berufliche Qualifizierung wichtig und der allgemein bildende Sektor zweitrangig. Ausreichend ist er, manche übertreiben die Allgemeinbildung bei Vernachlässigung des privaten und beruflichen Bereichs. Zu beachten bleibt, dass derjenige, der sich oder ein Produkt verkaufen will, das auf der privaten, allgemein bildenden oder Freizeitebene (der Emotion) tut. Als Kommunikationsorganisator weiß ich, dass dadurch Chemie gebildet wird. Auch in der Politik wird viel privatisiert, wo selbst große, rational unverständliche Karrieren entstehen. Ich habe diesen Bereich nie übertrieben, sondern mich abgegrenzt in leitenden Funktionen. Abschließend muss man sagen, dass in Deutschland die Allgemeinbildung höher ist als in anglistischen Ländern, die vielfach „Fachidioten" heranziehen!

Verständnis für unterschiedliche Kulturen

Die sozialistische Führungspersönlichkeit denkt international. Er ist offen für den Menschen und auch für den Ausländer, denn überall sind Sozialisten und Kommunisten. Daher muss ich Verständnis für unterschiedliche Kulturen haben und deren Befreiungskampf. Im zweiten Weltkrieg waren viele deutsche Widerstandskämpfer im Ausland und auch viele verfolgte Minoritäten sind geflohen. Für mich persönlich war sozialistisch schon prägend, dass ich auf dem Gymnasium mit Franzosen lernte und damit auch schnell deren Kultur schätzen lernte, ohne die eigene zu vergessen und zweisprachig aufwuchs. Es war prägend für eine internationale Haltung und mich im Ausland immer anzupassen und den Kontakt zur Urbevölkerung zu suchen. Meine Meinung ist, dass ich durch Offenheit und Sozialkontakte am meisten lernte, ohne meine eigene Identität aufzugeben. Als Widerstandskämpfer seit 1979 ist selbstredend nicht nur die Unterdrückung in Deutschland interessant, sondern auch die kapitalistische in anderen Ländern (heute wieder mit Hilfe Deutschlands) oder aber auch die Erfolge des Sozialismus in Lateinamerika, wobei ich wohl ewig Anhänger der sozialen, politischen und gesellschaftlichen Bewegung in Kuba bleibe!

Teamarbeiter

Teamarbeit wird heute in fast alle Bereichen gefordert. Für mich persönlich wurde stets und ich selbst machte auch den Abstrich, dass ich Einzelgänger bin, der stets neue Aufgaben benötigt und der sog. Feuerwehrmann ist. Ich hatte immer informelle Macht und arbeitete mit Kollegen und der Organisation zusammen zur Steigerung der Effektivität. Dabei behielt ich aber meinen eigenen Arbeitsbereich mit eigenen Entscheidungen. Im politischen Bereich war und ist die Organisation genauso aufgebaut, dass jeder nur einen Ansprechpartner hat, mit dem er sich austauscht. Teamarbeit ist schön und wichtig, muss aber richtig dosiert sein. Amerikanische Manager sitzen zum Beispiel den ganzen Tag in Meetings, ohne effektiv zu arbeiten. Die Notwendigkeit einer ausgewogenen Dosis von Gruppe und Einzelarbeit gilt sowohl für den Kapitalismus als auch Sozialismus, wobei die Ziele und die hierarchische Struktur unterschiedlich sind. Die sozialistische Führungspersönlichkeit muss selbst wissen, wie viel Team und Außenkontakte notwendig ist, um bürgernah und kommunistisch erfolgreich zu arbeiten. Es bleibt aber zu bedenken: „Viele Köche verderben den Brei!"

Im Denken unabhängig

Überleitend vom vorigen Kapitel muss jede Führungskraft eigene Entscheidungen treffen und in der Organisation seine eigene Meinung vertreten. Die muss eigenständig, unabhängig entwickelt sein, ohne jedoch zu übersehen, dass sie auch kritisch überprüft werden muss. Wer sich hinter einem Team versteckt, kann ewig nur der zweite oder dritte Mann sein, aber keine sozialistische Führungspersönlichkeit. Der Austausch mit anderen ist nur eine Reflexion und Weiterentwicklung, nachdem ich mir im stillen „Kämmerlein" meine Gedanken machte. Wer im Denken unabhängig ist, kann auch andere der Organisation oder Teile der Bevölkerung überzeugen und mitreißen. Er verkauft dann sich und seine Politik selbst. Es ist das Schwerste im Verkauf, aber auch das Schönste. Das Denken und die eigene Meinung muss eine Grundstruktur haben, aber die ist auch dem politischen und sozialen Wandel unterworfen, so dass ich meine Umwelt beobachten und dann reagieren muss. Viele Führungskräfte sind wie das „Fähnchen im Wind", je nach Machtlage, -interesse und -gedanken, während ich mich in der Linkspartei der kommunistischen Plattform mit Sahra Wagenknecht solidarisiere und dabei auch als Marxist, der in der BRD aufwuchs und immer wohnte, meine eigene Meinung zu Sach- und Strategiefragen vertrete!

Leadertyp

Wenn man Kinder beim Spielen beobachtet, kann man schon sehr früh erkennen, dass manche die Gruppe aufgrund von Intelligenz, Cleverness oder sonstigen Eigenschaften führen. Es gibt in jeder gesellschaftlichen Schicht oder Berufsgruppe eine Elite. Die sozialistische Führungspersönlichkeit muss natürlich ein Leader sein, der aber auch der Organisation und dem Wohl des Bürgers verpflichtet ist. Der Leader muss kontrolliert werden, damit sich seine Macht nicht verselbständigt. Im real existierenden Sozialismus gab es viele Führer, die den Menschen unterjochten oder gerade innenpolitisch versagten. Es darf auf deutschem Boden nie mehr eine Diktatur geben, da der Preuße dazu neigt, Strukturen nach Befehl und Gehorsam aufzubauen. Die Macht des Leaders im demokratischen Sozialismus muss von gesellschaftlichem, positiv kanalisiertem Nutzen sein. Er muss aber auch wehrhaft gegen die vielen neoliberalen kapitalistischen Leader sein, die sicherlich nicht weniger gut ausgebildet sind. Geld regiert die Welt und viele Arme glauben noch daran. Der sozialistische Leadertyp muss sich auch demokratischen Wahlen unterwerfen und Rechenschaft abgeben, ob seine Arbeit sozialistische Früchte getragen hat. Die Bürgermeinung ist als Volksentscheid zu akzeptieren. Sozialistische Führung soll nie mehr Spielwiese für machtpolitischen Narzissmus sein!

Trainer, Seelsorger, Motivationskünstler

Die sozialistische Führungspersönlichkeit unterscheidet sich vom kapitalistischen Manager darin, dass er nicht blockt und bunkert, sondern sein Wissen und seine Erfahrung weitergibt. Er ist Trainer für alle Sozialisten und die Arbeiterklasse. Dazu gehört auch eine große soziale Kompetenz, beziehungsweise Sozialtherapie für die Konflikte und Belastungen der Erwerbstätigen. Es ist nicht nur der Mensch zu sehen, sondern auch das Sein, das letztendlich das Bewusstsein determiniert. Es ist eine wunderschöne Aufgabe für eine Führungskraft, den antizyklischen Manager - systemimmanent ausgedrückt - als Trainer, Seelsorger und Motivationskünstler, vergleichbar mit erfolgreichen Fußballtrainern, das Letzte durch positive Animierung aus den Spielern, die alle schon Millionäre sind, herauszuholen. Es gibt auch Sozialisten, die bürgernah, kompetent und hervorragende Demagogen sind, eigentlich die Zugpferde der Partei. Wie schon erwähnt: Als ich mit 25 Jahren im Management startete, war der Geschäftsführer hervorragender Motivator mit 25-jähriger Erfahrung im amerikanischen Business, und das ist eben der Unterschied: Es ging nur um Profit, und nicht den Menschen oder

Mitarbeiter an sich. Unter vier Augen sagte er einmal zu mir: „Die Wirtschaft macht die Politik!" Lasst es uns durch Training, Motivation und alle positiven Methoden andersherum machen, dass kommunistische Politik, die menschlich ist, den Produktionsprozess bestimmt!

Teil 3: Pragmatik des Führens

Thomas Gordons Managerkonferenz beschreibt effektives Führungstraining aus demokratischer und partnerschaftlicher Sicht. Die bloße Machtausübung in Befehl und Gehorsam soll durch gegenseitige Bedürfnisbefriedigung ersetzt werden.

Er sieht auch sozialistische Inhalte wie offenes und ehrliches Miteinander und steht auf gutem Fuß mit den Arbeitern (Gordon, S.21). Es geht auch um Gerechtigkeit innerhalb des Betriebes- „eine sehr bedeutende Revolution der zwischenmenschlichen Beziehungen" (Gordon, S.25). Hier stellt sich jedoch zusätzlich die Frage, ob nur im subjektiven Faktor ohne Veränderung der Produktionsverhältnisse eine neue Gesellschaft und Produktionsform möglich ist.

Richtig sieht Gordon die Kraft der Gruppe, den immensen Schatz von Humanressourcen und die „Weisheit kollektiven Denkens" (Gordon, S.61). Problemlösungen erfolgen in der Gruppe durch Alternativen, Entscheidungen und Lösungsbewertung, wobei die Methode des aktiven Zuhörens mit Ich-Botschaften praktisch durch sein ganzes Werk geht. In seiner Philosophie soll jeder gewinnen, was sich nett anhört, aber im Machtkapitalismus unrealistisch ist. Gerade in längeren Kämpfen sind die Grundkonflikte sichtbar (Gordon, S.174), wobei ich behaupte, dass in Wirklichkeit der neoliberalen und kapitalistischen Macht es zu Bestrafungen und Bedrohungen kommt, wodurch Abhängigkeit und Furcht entsteht (Gordon, S.188f).

Für Sozialisten ist wichtig, dass daraus eine Rebellion entstehen kann mit der Suche nach Verbündeten innerhalb der Organisation (Gordon, S.196f). Kommunistisches Ideal ist sicherlich das Gegenteil von Macht zur Lösung von Konflikten, sondern das kreative Denken (Gordon, S.219) und das „Beteiligungsprinzip"(Gordon, S.225).

Idealtypisch stellt Gordon die Jeder-Gewinnt-Methode dar, wenn man zu einer Lösung kommt, „die für jeden akzeptabel ist, so dass sich niemand als Verlierer fühlt" (Gordon, S.229).

Es bleibt nur fraglich, ob das so in der üblichen Organisation mit hierarchischer Struktur und Weisungsbefugnis möglich ist. Es ist eher ein Ansatzpunkt für Verhandlungen bei Partnern, die beide mit Macht ausgestattet sind, z.B. Tarifstreitigkeiten zwischen Gewerkschaften und Arbeitgebern. Gordon weist auf die Problematik auch hin und bedauert, dass es nur wenige Informationen über die tarifliche Auseinandersetzung gibt. (Gordon, S.258) Es ist verhandeln und schlichten - meiner Meinung nach sollten die Verhandlungen hart, jedoch kompromissbereit geführt werden - und in der Presse wird das Endprodukt (Gewinner und Verlierer) beschrieben, alles andere erfolgt hinter verschlossenen Türen, nur die Streikenden sieht man, oft mit harschen Kommentaren und Interviews der Berichtenden, im Fernsehen.

Tarifverhandlungen sind von Gewerkschaften meist systemimmanent geführt und auf rein monetäre Ziele ausgerichtet. Sie verfolgen keine Gesellschaftsveränderung, die sie den politischen Parteien überlassen, wenn überhaupt, und sonst bleibt es bei der Tarifautonomie.

Es bleibt abschließend festzustellen, dass dort ein immenser Nachholbedarf an Training besteht, der weiter unten beschrieben ist. Gordons Prinzipien haben auch weniger in kapitalistischen Unternehmen Einzug erhalten, als im klassischen Vertrieb mit den Methoden des Umformulierens, Verkauf durch Bedürfnisbefriedigung und emotionaler Konditionierung. Demokratisierung, das Kollektiv, Jeder-Gewinnt-Methode ist gut für die Pragmatik des Führens, wenn die Gesellschaft und

Produktionsform sozialistisch ist, sonst bleibt der Erfolg im Dualismus stecken!

Teil 4: Sozialistisches Führungstraining

Da der Mensch mehrdimensional strukturiert ist, gilt es Phantasie, Kreativität, Sexualität konstruktiv zu fördern (Ammon, S.15ff). Gerade für Sozialisten ist dabei das Konzept der Sozialenergie (Ammon, S.103ff) wichtig, wo der Mensch in seiner Ganzheit (Körperlichkeit, Wesen, Verhalten) und in seinem Verhältnis zur Gruppe (dem Milieu) gesehen wird. Der Austausch mit der Umwelt erfolgt unter gruppendynamischen Gesetzmäßigkeiten, wobei dann auch - das ist für Marxisten wichtig - gesellschaftliche, politische und kulturelle Aspekte eine Rolle spielen.

Zu übergreifenden Themen wie Wirtschaft und Terror oder Sozialismus und Demokratie ist alle drei Wochen ein dreitägiges Seminar mit 10 Teilnehmern durchzuführen für Mitglieder und Sympathisanten der LINKEN und Gewerkschaften , das folgendermaßen pro Tag strukturiert ist:

- Gruppengespräche   1,5 Std.
- Malen in der Gruppe   1,5 Std.
- Tanzen in der Gruppe   1,5 Std.

Damit entsteht ein Konglomerat von Sprache, Bild und Körper, das mit dialektischen Oberbegriffen für den Einzelnen als auch die Gruppe eine Weiterentwicklung bringt und manchmal völlig neue Zielsetzungen im Leben hervorruft. Aus eigener Erfahrung weiß ich die Intensität zu beurteilen, auch hinsichtlich sozialistischen Denken und Handeln.

Teil 5: Wie charismatische sozialistische Führer die Massen mobilisieren

Le Bons Psychologie der Massen war Lenins Lieblingsbuch und ich las es mit 17 Jahren. Als soziologisches und psychologisches Werk, aber er selbst absoluter Feind des Sozialismus, ist es sehr gruppendynamisch orientiert und als Abschluss der Abhandlung der sozialistischen Führungspersönlichkeit, besonders hinsichtlich der Erkenntnisse von Teil 4, sehr wichtig.

Alle sozialistischen Führer sind überzeugte Berufsrevolutionäre, die ihr ganzes Leben in Denken und Tun in den Dienst der Ideologie stellen. Dazu dient ein immenser Einfluss auf das Volk, das richtig geführt eine unüberwindliche Macht entwickelt (Le Bon, S.15). Das Unmögliche wird wahr in der Gemeinschaft und es kann das sozialistische Volk Herrschaft und Geld des Kapitalismus ablösen. „Die Massen können nur in Bildern denken und lassen sich nur durch Bilder beeinflussen." (Le Bon, S.44) Ein Bild sagt mehr als tausend Worte, daher ist im sozialistischen Führungstraining auch das Malen integriert zur Möglichkeit der Regentschaft.

Für politische und soziale Umwälzungen ist die richtige Zeit wichtig, denn sie sozialistischen Ideen sind sehr immanent, aber nur zu bestimmten Zeiten verwirklichbar (Le Bon, S.58). Ich sehe das Jahr 2009 als das sozialistische Wendejahr in Deutschland, wo die Mitarbeit aller linken Kräfte notwendig ist.

Dazu ist interessant, was Le Bon zum Führen der Massen sagt, denn seiner Meinung nach ist das Volk eine Herde, „die sich ohne Hirten nicht zu helfen weiß" (Le Bon, S.83). Die Führer sind Männer der Tat, keine Denker. „Man findet sie namentlich unter den Nervösen, Reizbaren, Halbverrückten, die sich an der Grenze des Irrsinns befinden" (Le Bon, S.83).

Die sozialistische Führungspersönlichkeit stellt seine ganze Kraft in den Dienst des Ideals. Er ist oft ein Märtyrer, der sich für seine Zielsetzung selbst opfert und nicht der Ratio der Unterwerfung, des Geldes oder der eigenen Existenz folgt. Er begeistert auch im

Arbeitermilieu, um Träume und Hoffnungen zu wecken. Die Führungskräfte haben immer einen lang ausdauernden Willen (Le Bon, S.86) und nehmen oft Gefängnisstrafen und Repressionen in Kauf. Sie sind eben echte Männer aus Schrot und Korn. Massen- oder Volksführer haben auch eine dauerhafte, explizite Kampfesausstrahlung oder Nimbus. Bestes Beispiel dafür ist Fidel Castro. Es sind die unbewussten Gefühle, die den Bürger leiten, einem sozialistischen Staatsmann zu folgen, aber auch die Einsicht, dass es ihnen unter sozialistischer Führung materiell besser geht und sie gerechter behandelt werden.

Auch in der Partei DIE LINKE war ja seit 2005 ersichtlich, wie mit Zugpferden namens Lafontaine oder Gysi mit starker persönlicher Ausstrahlung bei Wahlen Prozentpunkte zu holen sind. Aber in einer echten demokratischen Partei wird auch Macht kontrolliert, denn jeder sollte Rechenschaft ablegen. Macht darf nie wieder in Deutschland auch unter sozialistischer Fahne uneingeschränkt sein!

Abschließende Bemerkung

Seit 1959 bei absolut schlechten wirtschaftlichen und geopolitischen Voraussetzungen lebt die Kubanische Revolution unter Fidel Castro, der jetzt aus Gesundheitsgründen nur noch Berater der Regierung seines Bruders ist, aber es ist ersichtlich, wie wichtig ein Pragmatiker mit sozialistischem Geist und machbarer Ideologie für ein Land und eine Idee und ein Volk sein kann. Man kann nicht alle sozialistischen Führer aufzählen, so bleibt das Beispiel exemplarisch, aber ich hoffe für Demokraten mit sozialistischer Gesinnung Anregungen in Theorie, Praxis und Training gegeben zu haben.

Literaturverzeichnis

Ammon, Günter: Der mehrdimensionale Mensch, 2. erw. Aufl., Berlin 1995

Gordon, Thomas: Manager-Konferenz, 2. Aufl., München 2005

Itten, Theodor: Jähzorn, Wien 2007

Le Bon, Gustave: Psychologie der Massen, 15. Aufl., Stuttgart 1982

Lupo, Salvatore: Die Geschichte der Mafia, Düsseldorf 2005

Juli 2008

Die Volkskrankheit Machtlosigkeit

Macht in der Gesellschaft als auch in der private Sphäre bedeutet, die eigenen Lebensumstände kontrollieren und gestalten zu können. Aber wie sieht es heute in Deutschland aus? Diktieren nicht die Reichen und wenige politisch und wirtschaftliche Gestaltende die „Demokratie". Das Volk wird immer ärmer und ohnmächtiger! Wir haben Machtlosigkeit und Krankheit. Der Zustand soll beschrieben werden mit Möglichkeiten der Befreiung.

1. Die kranke Gesellschaft

Psychologen meinen, der Mensch sei eventuell krank in einer gesunden Gesellschaft und soll funktionieren. Ich sage, die kapitalistische Gesellschaft macht den Menschen krank. Es entstehen immer mehr durch die wachsende psychische und physische Belastung im Alltag Defekte beim Einzelnen. Typische Lösungsmöglichkeiten sind Gewalt bei Jugendlichen, Drogen- und Alkoholkonsum bei Erwachsenen, stete Zunahme psychischer Erkrankungen. Nachgewiesen ist, dass die Arbeitswelt nur Mühe ist und die „innere Kündigung" Bestand hat.

Die Herrschenden im neoliberalen Staat interessiert es nicht, solange weitgehend Ruhe in der Bürgerschaft herrscht und die kapitalistischen Grundpfeiler unangetastet bleiben. Die Sozialberufe sollen kitten, obwohl klar ist, dass das Sein das Bewusstsein determiniert. Warum soll ich mich einer krankmachenden, mich ohnmächtig machenden Umwelt anpassen, die doch eigentlich verändert werden sollte, damit ich gesund leben kann?

Wie Itten sagt, werden wir gelebt (Itten, S.3) und befreien und entspannen uns durch affektive Reaktionen (Itten, S.9). Es sind die inneren Verletzungen (Itten, S.22), die uns auffällig, opponierend reagieren lassen.

Die Gesellschaft, mein Umfeld ist ungesund und determiniert mein Verhalten und meine Einstellung. Eine menschlich kranke Reaktion, ob psychotisch, bipolar oder depressiv bedeutet destruktive Aggression. Ich breche aus dem gesellschaftlichen und privaten Käfig aus. Es ist Befreiung und Flucht. Es ist gar lebensrettende Flucht (Itten, S.31), nur eben destruktiv, konstruktiv wäre sie sozialistisch-verändernd! Ammon beschreibt genauso Krankheit als Befreiung (Ammon, S.18). Sieht Itten im Jähzorn - der affektiven Verhaltensweise - eine Volkskrankheit, die ein Viertel der Bevölkerung betrifft, so beschreibt nur Ammon eine soziologische Lösung der Geisel Krankheit, indem er als gesund ansieht: nützliche Tätigkeit, erfüllende Sexualität und Körperlichkeit für Ich-Identität und das in einer friedlichen klassenlosen Gesellschaft, die Gesundheit produziert.

Als Sozialist unterschreibe ich dies und bin für die spartakistische Entgfesselung vom krankmachenden Kapitalismus, die folgend skizziert wird.

2. Die Befreiung aus Fesseln

Ich befreie mich von den kapitalistischen Fesseln, indem ich über die gestatteten Grenzen gehe, mein Recht verteidige, auch wenn ich eine Niederlage einstecke und die sozialen Kosten oder den Schaden zahlen muss. Der Auslöser für eine affektive Reaktion ist die Ohnmacht, die Enttäuschung (Itten, S.56). Es ist die Volkskrankheit der Machtlosigkeit, die Verhaltensweisen hervorruft, die mich dann selbst zum Richter, der Selbstjustiz, machen (Itten, S.73). Es ist eine Befreiung für mich, indem ich die Sanktionen selbst in die Hand nehme.

Meiner Meinung nach soll nicht höhere Frustrationstoleranz im subjektiven Bereich gegenüber dem Unrecht der Obrigkeit aufgebaut werden, sondern milieu- bzw. sozialtherapeutisch die Frustrationen oder Fesseln persönlich und gesellschaftlich abgebaut werden. Verändere die krankmachenden, unmenschlichen Verhältnisse!

Nach Freud ist für den Mensch entscheidend der Selbsterhaltungs- und Sexualtrieb (Storr, S.55), daher leisten wir Widerstand und aus der Aggression, die ebenfalls trieborientiert ist, haben wir den „Willen zur Macht" (Storr, S.61). Jeder Mensch strebt daher dazu, seine Welt zu gestalten und unterdrückende Verhältnisse, die Fesseln, zu durchkreuzen. Der Mensch hat von Natur aus ein revolutionäres Element. Die Befreiung erfolgt praktisch durch „Omnipotenz" (Storr, S.72), was vergleichbar mit dem Lösen der Bremse beim Auto ist.

Wenn gerade im Kapitalismus durch die Machtlosigkeit der Mensch zunehmend kränker reagiert und dann sich die Macht nimmt, so ist ein gesellschaftlich-humanistisches Modell zu zeichnen, das Gruppendynamik und sozialpsychologische Befriedigung menschlicher Bedürfnisse schildert.

Zwischen der Gruppe und dem Mensch besteht ein kritisch-dialektischer Zusammenhang, wobei psychische und soziale Energie in der Gruppe ist (Ammon, S.105). Defizitär wird es, wenn Gruppenbeziehungen durch destruktive Aggression zerstört werden, aber wir müssen konstatieren, dass Krankheit die positive Flucht aus einer unerträglichen Lebens- sprich Grenzsituation ist (Ammon, S.124).

Ammon entwickelte ja die eigene Logik der Sozialenergie, wobei jedoch zu beachten ist, dass stets dialektisch gesehen das Verhältnis Gruppe-Individuum auch in der Machtstruktur stimmig sein muss. Wenn dann Konflikte auftreten, muss das Subjekt eigene - von der Gruppe unabhängige - Konfliktstrategien entwickeln, um die individuelle, persönlich-strategische Machtbalance wieder herzustellen.

Wir haben gesehen, dass in einer krankmachenden Gesellschaft - jeder Fünfte der Bevölkerung landet beim Psychiater - sich der Mensch in schlechten Phasen des Stress oder der Überforderung durch auffällige Verhaltensweisen Macht nimmt, eben Grenzgänger ist und die Demokratie und das Recht - eigentlich unstrukturiert - nimmt, die Sozialisten gesellschaftlich konstruieren wollen.

3. Demokratie und Gerechtigkeit

Ist mit der kapitalistischen Gesellschaft Krankheit und Machtlosigkeit verbunden, muss die Höherentwicklung im Sozialismus oder Kommunismus angestrebt werden. Die neoliberale Gesellschaftsstruktur ist bürgerliche Diktatur, der Visionen, Demokratie und Gerechtigkeit im Selbstbild des Bürgers entgegengesetzt werden muss. Oft sieht der Einzelne Gerechtigkeit, wenn er sich gegen bürgerliche, auch gesetzliche Normen und Werte zur Wehr setzt. Es sind dann die persönlichen und gesellschaftlichen Eskapaden als Versuch der Machtausübung.

Im demokratischen Sozialismus arbeitet der Bürger bei der Produktion, in der privaten Sphäre an der Gesellschaft mit. Auch die Familie ist mit integriert, so dass soziale Gerechtigkeit und Herrschaft des Individuums über das Kapital ins Auge gefasst wird oder Ideologie ist. Dem Pauperismus ist die Macht des Proletariats, d.h. der Erwerbstätigen, entgegenzusetzen.

Demokratie und Gerechtigkeit erreiche ich durch ein Gegengewicht zur neoliberalen Unterdrückung in gesellschaftlicher Organisation und aktiver Politik: Ich muss selbst das Zepter - den Machtstab - in die Hand nehmen, um mein Ziel zu erreichen. Der Staat jeder Art muss kontrolliert werden, damit nicht jede Machtausübung und Gewalt von ihm ausgeht. Wie oben schon erwähnt, ist dazu die Arbeit in der Gewerkschaft und der Linkspartei als tragende Kraft das Instrumentarium.

Hier ist die kommunale Demokratie zu nennen als Macht des Bürgers. Sie steht der auch schon geschehenen Verselbständigung sozialistischer Macht als auch der Korruption der kapitalistischen Elite und ihrer bürgerlichen Parlamentarier entgegen. Diese bürgerliche Diktatur, die den Bürger immer mehr in seinen Rechten beeinträchtigt und selbst beschnüffelt, ist zu missachten, und wir müssen ihr wehrhaft im politischen Kampf entgegentreten.

Demokratie gehört in die einzelne Lebensrolle, wozu Verstaatlichung unter Kontrolle des „citoyen", dem Bürger, anzustreben ist. Ich habe erst Macht über mich und meine Umwelt, wenn ich gestaltend tätig sein kann. Damit werde ich für die Ziele Demokratie und Gerechtigkeit potent bei Gesundheit mit stabilem ideologischem Selbstvertrauen.

Das Gefühl der Ohnmacht hat schon fast jeder erlebt, nun gilt es, sich nicht unterdrückenden Herrschaftsstrukturen zu unterwerfen, sondern für sein Recht und die gesellschaftliche Gerechtigkeit zu kämpfen. Unzufriedenheit ist der Stachel jeder Krankheit, wenn ich mich ohnmächtig fühle, aber wir brauchen den wehrhaften Bürger.

Dieses Resümee möchte ich schließen mit dem Hinweis von Itten, dass der Einsatz des Menschen für „Gerechtigkeit und Recht" (Itten, S.77) die wahre Freiheit ist.

4. Die existentielle und sexuelle Revolution

Heute lassen sich neue und demokratisierende, auf Freiheit ausgerichtete Bewegungen in der Partei DIE LINKE integrieren. Dabei geht es zum einen um die materielle Freiheit als Kampf gegen Pauperismus oder Armut. Die Linkspartei vertritt die Interessen der Erwerbstätigen und Ausgegrenzten vom gesellschaftlichen Leben und Reichtum.

Es soll heißen: „Nimm Dir, was Du materiell und sexuell zum Leben brauchst!" Dabei steht das Lustprinzip der Unzufriedenheit in kapitalistischer Mühe gegenüber. Revolution ist immer eine generelle Veränderung, die grundlegende Prinzipien setzt, die auch als Dogmen nicht verhandelbar sind. Bei der großen Armut in

Deutschland sind materielle Forderungen Mittel, die existentielle Ohnmacht aufzuheben. Dazu gehört aber auch persönliche Macht in Sexualität und Selbstverwirklichung.

Ziel der kommunistischen Ideologie ist es, dass „jeder nach seinen Fähigkeiten und Bedürfnissen" lebt, so dass der Nebel der Psychotherapie und Psychologie, die den Menschen in der Hauptsache für die kapitalistische Gesellschaft funktionieren lassen wollen, negiert wird. Wir stellen uns gegen die Ohnmacht von Eifersucht und Neid und für selbstverwirklichende Arbeit plus freie, liberale Beziehungen.

Die Eifersucht ist ein typisch kapitalistisches Phänomen. Es ist Besitzdenken, welches die Urgesellschaft nicht kannte und wir auch aufgeben wollen. Ich kann viele Dinge lieben und es gilt auch die Regel, wenn ich einen Partner liebe und gemeinschaftliches Handeln gegeben ist, ich ihn auch an mich binden kann. Ich muss dann nicht auf andere neidisch sein oder Verlustängste haben. Sozialistisch formuliert, sollte aber jeder entscheiden können, ob er poly- oder monogam lebt. Persönliche Enttäuschungen oder Krisen gibt es in jedem Leben.

Die 68er-Bewegung brach mit sexuellen Fesseln, aber es wäre wichtig, dass DIE LINKE diese sexuelle Revolution auch programmatisch aufnimmt und nicht den „sexuellen Spaß" der politischen und wirtschaftlichen Elite überlässt. Zu einer neuen Gesellschaftsstruktur gehört auch immer ein neuer Mensch! In der sexuellen Befriedigung finde ich bezüglich der privaten Sphäre den Schlüssel zum Glück. Es ist der Zustand des spannungsfreien Nirwana (Storr, S.23). Die Macht des Einzelnen muss sich jedoch gesellschaftlich fortpflanzen, um nicht in autonomer Subkultur zu verpuffen.

Ammon schildert exemplarisch die Macht der Polygamie, wo kein Beziehungskäfig mehr besteht, als die Entfesselung und schlägt neben dieser Revolution auch auf das Gewicht der Identitätsarbeit mit gesellschaftlichem Wert (Ammon, S.260). Wie jedem Marxisten klar ist und jeder Arbeiter persönlich spürt, entfremdet die kapitalistische Arbeit und ist identitätslos. Gerade sie implementiert das Gefühl der Hilflosigkeit und Ohnmacht (Ammon, S.220ff). Diese Symbiose in der Produktion ist genauso aufzulösen wie eine Beziehungssymbiose zur kommunistischen Höherentwicklung.

Lasst uns gegen krankmachende Verhältnisse privat und beruflich organisatorisch und substantiell kämpfen!

5. Der wehrhafte Bürger in Macht, Potenz und Freiheit

Der Kampf bedeutet, sich gegen unterdrückende Verhältnisse zur Wehr zu setzen. Essentiell ist dabei die Macht in der Produktion zu übernehmen und Vergesellschaftung anzustreben. Es ist die Negation der kapitalistischen, neoliberalen Machtstruktur. Dabei ist das Gemeinwohl über das persönliche Prestige des Geldes zu setzen. Der krankmachende, kapitalistische Stress für den Profit ist abzulehnen. Die sozialistische Machtergreifung bedeutet auch Autonomie und Antifaschismus. Die Idee der Revolution zerschneidet die kapitalistischen Fesseln. Auch die christliche Religion hat systemstabilisierenden Charakter und unterstützt die Macht der Reichen als Anpassung an die bestehenden, unterdrückenden Verhältnisse. Das ist umso schlimmer, da meiner Meinung nach Jesus Christus der erste Sozialrevolutionär war und sein Leben und Werk heute von der Kirche entfremdet wird.

Es bleibt für uns der politische Kampf gegen das Unrecht der Verletzung, Beleidigung und Entehrung. Dazu müssen wir uns unter Gleichgesinnten bewegen, denn diese Sozialenergie gibt Kraft. Kraft für die Ideologie der Geknechteten, allzu Machtlosen. Aber es bleibt uns die Idee der sozialistischen Veränderung - hin zum demokratischen Sozialismus!

Durch den politischen Zusammenschluss sind wir potent - es ist gesellschaftliche, soziale Potenz. Verändere Deine Welt und gestalte sie human! Anstatt Befehl und Gehorsam sollen Kommunikation,

Kontakt und Selbstvertrauen des Bürgers treten. Es darf nicht mehr die hilflose Unterwerfung unter die Obrigkeit oder selbsternannte Autoritäten stehen, sondern eigene Lebensgestaltung nach persönlichen, gemeinschaftsfördernden Zielen. Wir sehen hier die Aufgabe der Soziologie und Politik: Die Organisationen und der Staat müssen sozialistisch reformiert werden, damit der Mensch glücklich, sozial und friedlich und auch machtvoll leben kann!

Für Gleichheit, Gerechtigkeit und Freiheit: Eine sozialistische Gesellschaft ist von der ideologischen Voraussetzung her gerechter, sie verteilt für gleichere Verhältnisse um, hebt Armut auf und soll gesellschaftliche und persönliche Freiheit im Sinne des Völker- und Menschenrechtes implementieren. Aus dem abgeleitet entstehen im Überbau auch sozialistische Normen, Werte und Symbole.

Es gilt abschließend festzustellen, dass nicht nur eine Bürgermacht in der Gesellschaft vonnöten ist, sondern auch im subjektiven Faktor Freiheit der Kommunikation und in privater Beziehung die sexuelle Erfüllung- „die süße Lust" -Realität werden muss!

Literaturverzeichnis

Ammon, Günter: Der mehrdimensionale Mensch, 2. erw. Aufl., Berlin 1995

Itten, Theodor: Jähzorn, Wien 2007

Storr, Anthony: Freud, Freiburg

August 2008

Der liberale Sozialismus

Auf den ersten Blick und in vielfältigerer Literatur beißen sich sozialistische und liberale Gedanken. Aber ich hoffe auf den Slogan der LINKEN: „Freiheit durch Sozialismus".

Dazu sind drei Teilbereiche zu demokratisieren:

- gesellschaftliche Beziehungen
- Wirtschaft
- Militär

Ziel ist es, Facetten des demokratischen Sozialismus mit liberalem Antlitz aufzuzeigen, das sich von linken autoritären Regimen wie auch kapitalistischen-brutal-pauperisierenden Wirtschaftssystemen unterscheidet.

Vielleicht findet sich ja doch ein „dritter Weg", der in obigen Bereichen für den Bürger wohlwollend und akzeptabel ist.

Vor 40 Jahren gingen Arbeiter, Intellektuelle und Studenten auf die Straße, nächstes Jahr sind Bundestagswahlen, wo die demokratische „Volksfront" (rot-rot-grün) reüssieren kann. Die Hoffnung stirbt zuletzt und kein LINKER in Deutschland soll diese und seine Ideologie und kämpferische Kraft aufgeben. Die sozialistische Weltanschauung hat einen hohen Anspruch, sollte aber aus der Geschichte lernen und nie den Einzelnen - sprich subjektiven Faktor - vergessen.

1. Gesellschaft

Wer Freiheit durch Sozialismus anstrebt, darf nicht an der Französischen Revolution vorbeigehen. 1789 wurden Liberte´, Egalite´, Fraternite´ (Freiheit, Gleichheit, Humanität oder Brüderlichkeit) ausgerufen, die noch für alle Gesellschaften tragend sein sollten. Diese Maximen sind nicht nur Statuten der bürgerlichen Revolution, sondern auch für Sozialisten oberstes Gebot.

Es geht um menschliche Gestaltung der gesellschaftlichen Beziehungen, wobei Deutschland eigentlich nur in der Weimarer Republik , den 20er Jahren, und später noch einmal in den 70er während der sozialliberalen Koalition freiheitliche Grundstruktur hatte mit offener Gestaltung.

Sozialismus leitet sich aus dem Begriff „socius" - der Partner - ab. Es geht daher nicht um Befehl und Gehorsam, sondern das Miteinander. Sozial bedeutet auch, dass für jeden die Existenz materiell gesichert ist und auch somit Freiheit entsteht. Dies kann eher ein sozialistischer als kapitalistischer Staat garantieren. Darauf aufbauend kann der Mensch auch offene Beziehungen führen und sich am gesellschaftlichen Leben beteiligen. Es ist das Gegenteil zur neoliberalen Ausgrenzung.

Oft wird die Richtlinie der Humanität vergessen. Es geht im Grunde um Menschlichkeit. Alle Strukturen sollten so aufgebaut und gestaltet sein, dass der Mensch ohne physische oder psychische Dekompensation darin leben kann. Die Gesellschaft gestaltet sich durch Menschen, die keine Ware sein sollten und im Interesse der Eliten ausgebeutet werden. „Im Mittelpunkt steht der Mensch" war die Devise meiner ersten Managmentstation, bis die Umsätze und der Profit schwanden und die Mitarbeiter wie Zitronen bis hin zu Todesfällen auf der Arbeit ausgepresst wurden.

Humanität hat auch absolut gar nichts mit Geld, Status, Prestige zu tun, sondern nur mit Anerkennung und Respekt gegenüber dem Menschen als solchem. Auch die daraus abgeleiteten Menschenrechte können leider inhumane Strukturen nicht verhindern, gerade bei läppigen Forderungen wie zwei Wahlen in 10 Jahren und sonst kapitalistischer Ausbeutung oder Unterjochung des Einzelnen. Humanität bedeutet auch, dass jeder seinen Stolz und Willen haben und ausüben darf.

Wie Menschlichkeit im Sozialismus als Demokratie führend sein muss, so schränken Gerechtigkeit und Gleichheit auch nicht Freiheit ein, nur die, die Andere beschränkt oder negiert. Freiheit ist wie gleiche Lebensvoraussetzungen der Kern der Ideologie der LINKEN und schließen sich nicht aus. Nur die sozialistischen Prämissen müssen auch wehrhaft gegen politische Feinde sein, die in Ausbeutung und Entrechtung ihre Profitinteressen zurückwünschen. Sozialismus und Demokratie gehören zusammen, wie Freiheit und Gleichheit unter humanitärem Überbau.

„Fraternite´ ist die Organisationsform von Freiheit und Gleichheit" (Fülberth, S.145), wodurch alle Formen von Diktatur abzulehnen sind und emanzipatorische bzw. human-revolutionäre Gedanken im Vordergrund stehen.

Die gesellschaftlichen Notwendigkeiten Liberte´, Egalite´, Fraternite´ sind neben der sozialistischen Partei DIE LINKE auch im Sozialliberalismus - sozialdemokratische Partei und Gewerkschaften - (Fülberth, S.178f) praktisch zu verfolgen und durchzusetzen. Es ist eine Mär, dass nur liberal-neoliberal-bürgerlichkonservative oder christliche Parteien vom Liberalismus sprechen dürfen.

Nachteilig für das Prestige ist sicherlich die diktatorische Vergangenheit vieler sozialistischer Länder, aber Reformwille und -erfolge sprechen für die kommunistische Ideologie. Gerade in Deutschland sind sich alle einig: „Nie wieder Diktatur", auch keine bürgerliche mit Aushöhlung demokratischer Rechte.

Zur Durchsetzung der Interessen des Bürgers in oben beschriebener Wertehaltung ist eine Koalition von Sozialdemokratie, grüner Bewegung und sozialistischer Partei mit Unterstützung der Gewerkschaften notwendig. Die sozialen Interessen müssen gegenüber dem Kapital im Vordergrund stehen und in politischer Praxis durchgesetzt werden. DIE LINKE hat die Parteien und Gesellschaft verändert, um den „kleinen Mann" wieder zu bevorzugen. Der Klassenkonflikt wird wieder diskutiert. Die Jugend und allen voran die Studenten organisieren sich wieder.

Die Alleinherrschaft einer Partei ist beendet, die soziale Koalition steht obenan. Nur Oppositionsarbeit ist zwar ehrenhaft, aber wir wollen auch praktisch verändern. Die Macht wird in einer Demokratie kontrolliert, so dass für den Bürger auch kognitive Absicherung besteht.

Wir wollen etwas für den Menschen tun und nicht neue Eliten ziehen, die inhuman, ungleich und nur ihre eigenen Interessen sehen. Der gesellschaftliche Konsens dieser Programmatik ist demografisch vorhanden, er muss nur politisch in die Praxis umgesetzt werden!

Zu bedenken bleibt, dass in der Vergangenheit immer wieder soziale Bewegungen von den Herrschenden systemstabilisierend vergewaltigt wurden. Sie verpufften nach gesellschaftlicher Diskussion und es erfolgte der bürgerliche Gang durch Institutionen, wobei Führer der Bewegungen nach Jahren nicht mehr wieder zu erkennen waren. Hier muss DIE LINKE systemverändernd-fordernd bleiben, weil gerade die möglichen Partner, die Gewerkschaften und Sozialdemokratie, sich zu gerne in Deutschland mit dem Kapital verbünden und verbrüdern.

Vergesellschaftung, Vergemeinschaftung und Vergenossenschaftung im Ziel sozialer Demokratie soll nicht nur Wert, sondern auch Norm werden. Die sozialistische Normierung verlangt ein anderes System, das aber auch freiheitliche Züge tragen muss.

„Für eine Überwindung des Kapitalismus sei dagegen eine andere Organisation notwendig: die revolutionäre Partei." (Fülberth, S.198) Gilt das revolutionäre Stigma in Deutschland sicherlich für KPD, DKP und SED, so ist es fraglich für DIE LINKE in Reinform. Es tummeln sich viele Richtungen und oft auch systemimmanente, was auch bei machtpolitischer Beteiligung in Ländern sichtbar ist.

In der rot-roten Regierung in Berlin wurden viele neoliberale Maßnahmen unter Beteiligung der PDS durchgeführt: „Wenn die schlimmsten Sauereien anstehen, nimmt man gerne die Linke mit ins Boot." (Wagenknecht, S.116) Privatisierung, Sozialabbau und weiteres wurden entgegen der Interessen der Bürger und eigenen

Wählern vollzogen, so dass anscheinend eine linke Partei aus der Opposition mehr bewegen kann (Wagenknecht, S.121). Nun muss man sehen, dass dies allein nur Widerstand gegen den Kapitalismus ist, aber nicht Aufbau von Sozialismus, wozu immer Machtteilnahme notwendig ist.

DIE LINKE, sowohl mit alten Kadern, die auch in elitären Sesseln Platz nahmen, als auch den Gemäßigten, ist als Einheit sehr wichtig und sollte nicht mehr spaltbar sein zur Schwächung der Bewegung. Konflikte sollen intern ausgetragen werden. Aber ein demokratischer Sozialismus ist in großen Teilen Überwindung der kapitalistischen Struktur. Es ist unser Ziel und das der Programmatiken und Manifeste der Grünen und der SPD. Koalitionen ja, aber auch Abgrenzung und Durchsetzung sozialistischer Inhalte und Profile, wozu Führungspersönlichkeiten gehören, die auch Klassenkampf und -überwindung propagieren!

Persönlich am Herzen lag mir immer der eigenständige Ansatz eines sozialistischen Systems in Jugoslawien (Fülberth, S.230). Erfolgreicher Partisanenkampf gegen das faschistische Deutschland und Widerstand gegen den Stalinismus der UdSSR führten zu Mischwirtschaft, Reisefreiheit, Offenheit und guter Bevölkerungsstruktur und -mentalität. Es war der Kompromiss, wo Versorgung, Freiheit, gesellschaftliches und privates Eigentum nebeneinander Platz hatten. Tito verfolgte das genossenschaftliche Eigentum, was in jedem kapitalistischen Staat eingeführt werden kann und spurenhaft vorhanden ist. Das System wurde 1999 zerbombt!

Beobachtet man jedoch Frauen aus sozialistischen Ländern und auch die Folgen der Entwicklung in den 60er und 70er Jahren im Westen, so kann man von einer „sexuellen Revolution" (Fülberth, S.250) sprechen, die Fundament einer sozialer Revolution sein kann, da sie heute wieder in der Jugend aufflammt. Gleichberechtigung der Frau, ihre eigenständige berufliche Tätigkeit, gesellschaftliche Erziehung der Kinder, zunehmende Aufhebung patriarchaler Strukturen, all dies sind Voraussetzungen für einen liberalen Sozialismus.

Für Freudianer bilden der Selbsterhaltungs- als auch der Sexualtrieb die menschlichen Voraussetzungen des Handelns, aber daraus muss kein Sozialdarwinismus entstehen, sondern soziales Verhalten mit befriedigender Erotik, die auch Lebenserfüllung sein kann, wobei die gesellschaftlichen Voraussetzungen im Überbau dies fördern sollen.

Vergleicht man sozialistische mit kapitalistischen Frauen (gerade diejenigen hinterm „Herd"), so zeigen sich eklatante Unterschiede, auch bei den Männern, wenn der eine sozial und der andere egoistisch denkt und dann so sexuell handelt.

Geschlechterspezifische oder noch besser gesellschaftliche Tabus müssen gebrochen werden, und das auch bei der Besetzung der Machtpositionen der LINKEN.

Der liberale Sozialismus wird immer oder oft in seiner Unmöglichkeit diskutiert, was ich negiere, auch wenn es nach Fülberth, S.258 heißt: „Sozialismus ist die Verfügung einer Gesellschaft über die Produktionsmittel durch den planenden, organisierenden und verteilenden Einsatz von politischen Institutionen." Warum soll nicht die Politik die Wirtschaft determinieren und dominieren und trotzdem Liberte´ für die Bevölkerung herrschen? Die Diktatur des Proletariats darf es und braucht es nicht mehr zu geben, so dass im folgenden Demokratisierung und Vergesellschaftung der Wirtschaft betrachtet wird.

2. Wirtschaft

Ist Kapitalismus nicht „organisierte Kriminalität", geht es nicht nur um Profit für eine herrschende Klasse, sind es nicht nur bis heute Plünderungen und Gier nach Reichtum, sind es nicht nur durch und durch Wirtschaftskriege, oft ausgelöst durch Überproduktionskrisen, gewerkschaftsfeindliches Verhalten der Unternehmen mit

Bespitzelungen, so schildern Werner Biermann und Arno Klönne Kapital-Verbrechen.

Wollen wir nicht alle dem etwas entgegensetzen, was wirklich demokratisch ist, also für den Bürger oder das Volk. Die Genossenschaft, die Vergesellschaftung und das freie Individuum muss unter einem gesellschaftlichen Dach leben.

Wie Karl Marx bin ich der Meinung, dass der Kapitalismus letztlich daran stirbt, dass zum Beispiel in Deutschland jeder Vierte arm ist. Die gute, alte Mittelschicht ist zusammengebrochen. Es entstehen amerikanische Verhältnisse der Verslumung oder Gettoisierung, die auch demoskopisch das Ideal der bürgerlichen Demokratie in Frage stellen. Der Manchesterkapitalismus, gerade nach dem Wegfall der sozialistischen Länder in Europa, hinterlässt seine Spuren, so dass eine Allianz der linksdemokratischen Kräfte notwendig ist. Der liberale Sozialismus kann der dritte Weg zwischen autoritärem Sozialismus und menschenverachtendem Kapitalismus sein: „Freiheit durch demokratischen Sozialismus!"

Keynes oder Vergesellschaftung, so lautet die Devise heute, wenn Sozialisten als Grundlage eine neoliberale Angebotspolitik ablehnen. Wird auch die Wirtschaft in Krisenzeiten wie seit Jahren in den USA nachfrageorientiert als antizyklische Finanzpolitik gesteuert (Bontrup, S.323), so bleibt doch de Pauperisierung bestehen, genau von denen, die auch in unserem Land von Wachstumsschüben ausgegrenzt bleiben und ewig als „industrielle Reservearmee" bereit stehen sollen. Gibt es eine systemimmanente Lösung für die Arbeiterklasse: Ich behaupte Nein!

Die Negativa des Kapitalismus in der Verarmung durch Globalisierung, Privatisierung, ungerechte Verteilung stehen im Interesse des Kapitals, denn so stehen billige Arbeitskräfte zur Verfügung.

Freiheit oder Liberte´ ist immer in erster Linie eine materielle Voraussetzung, also materielle Freiheit! Dem additiv sind wie oben geschildert die gesellschaftlichen Zustände plus in der Wirtschaft nach genossenschaftlichem Modell Humanisierung, Mitbestimmung, Partizipation, Bürgerversicherung und -geld.

Die Großindustrie muss verstaatlicht oder vergesellschaftet werden, wobei kleine Selbständige und der Mittelstand, die sich durch ihre Arbeitskraft selbst reproduzieren zur Versorgung der Gesellschaft beibehalten werden sollen. Der Profit ist gesellschaftlich und dient dem Gemeinwohl. Ist der Kapitalismus im Koma und stehen wir vor der Alternative „Sozialismus statt Barbarei"?: Ich sage mit Sahra Wagenknecht Ja!

Knackpunkt war sicherlich 1989: die kapitalistische Wende (der 3. Weltkrieg), wodurch die Reichen noch reicher wurden und die Armut zunahm (Wagenknecht, S.125). Doppelte Moral gegenüber der Dritten Welt und letztlich nur Interesse an den Ressourcen: Öl für die Großkonzerne. Ist das Demokratie, wenn die Wirtschaft die Politik für ihre Interessen dominiert und determiniert? Das Volk wehrt sich nicht und wird immer ärmer.

„Unter der Fahne des Liberalismus zerstören Europäische Union und Vereinigte Staaten die Landwirtschaft afrikanischer und lateinamerikanischer Länder durch subventionierte Agrarexporte und schützen zugleich ihre eigenen Märkte durch hohe Zölle und Handelsbarrieren". (Wagenknecht, S.131). Die kapitalistische Welt ist brutal: es geht nur um Profit! Unter Liberte´ oder liberaler Haltung ist etwas anderes zu verstehen als neoliberaler Politik für Großkonzerne. Liberaler Sozialismus steht für Freiheit, frei von Not und Elend und Zwang.

Kapitalismus hat immer eine imperialistische Tendenz, wo der General den Diplomat ablöst und der Geschäftsmann die Zerstörung wieder aufbaut (Wagenknecht, S.132) in tödlicher Barbarei, die mit Demokratie nicht das Geringste zu tun hat; Ansprüche von Humanität und Gerechtigkeit werden nicht erfüllt.

Hatten wir nach dem 2. Weltkrieg drei Jahrzehnte Prosperität, wo sozialistische Länder aufbauten und eine soziale Marktwirtschaft die Negativa des Kapitalismus dämpfte, war dies 1989 beendet, als der

Sozialismus durch die Folge der Totrüstung durch die NATO seine „Waffen" strecken musste - Ende der grundsätzlich friedlichen Welt trotz oder wegen „kaltem Krieg"!

Folge nach 10 Jahren: „wachsende Ungleichheit bei gleichzeitig dramatischem Rückgang der Produktion, Armut, Krankheit, Unbildung, Mafia, Bürgerkrieg, Hoffnungslosigkeit - so sehen die Segnungen der kapitalistischen Marktwirtschaft in Osteuropa aus." (Wagenknecht, S.142) Die versprochenen blühenden Landschaften sind nur auf dem Balkon oder im Garten der Reichen im Westen. An der Privatisierung verdient nur die wirtschaftliche Elite, letztlich fürs Volk Preissteigerung und schlechte Bedarfsdeckung. So elementare Bereiche wie Bahn, Post, Energie müssen in staatlicher Hand bleiben, um dem Primat des Profits vorzubeugen.

Soll nicht nach dem Grundgesetz das Eigentum dem Wohl der Allgemeinheit dienen? So stelle ich auch die Forderung nach Vergesellschaftung der Großbanken, Krankenhäuser, Ölmultis, Wasserversorger etc. Auch die Kommunikation bis zur Bildung muss öffentliches Eigentum sein. Mehr direkte Demokratie und mehr Dominanz der Politik über die Wirtschaft, wobei Staatsunternehmen nach den selben Prinzipien wie private wirtschaften können (Wagenknecht, S.150), aber eben die Verwendung des Profites vergesellschaftet und die Verteilung bedarfsorientiert bleibt.

Es ist der liberale Sozialismus, wenn der bezahlte Manager oder Fachangestellte seine Arbeit tut, nur letztlich im Sinne des Gemeinwohls. Materielle Anreize bleiben, Fachkompetenz auch: „Ein Staatskonzern, der mit gleichen Instrumenten auf gleiche Ziele hinwirkt, wird die gleichen Ergebnisse erzielen." (Wagenknecht, S.151)

Der liberale Sozialismus ist ein neues Konstrukt für Deutschland und Europa gegen Ausbeutung, Unsozialität - sprich Unmenschlichkeit.

Keiner will den kleinen Selbständigen, den Privatmann oder den Mittelstand enteignen, aber „es geht um die noble Gesellschaft der 500 Wirtschaftmächtigen in Europa" (Wagenknecht, S.157). Es geht für diese Klientel um Sozialisierung, Umverteilung von Vermögen und Einkommensansprüchen - sprich von Oben nach Unten! Das Aufbrechen dieser geschlossenen Gesellschaft (in Deutschland die 100 Größten) in einer Vergemeinschaftung zum Wohle aller, soll politische, praktische Arbeit der LINKEN mit Gewerkschaften und Betriebsräten sein: Akquise, Politik, Ideologie!

Diese Veränderung wäre dann auch die Voraussetzung für die als letztes thematisierte Sicherheits- oder Abrüstungspolitik, denn es bleibt durch alle staatlichen Bereiche zu fordern: Abrüstung, Gleichberechtigung und humanitäre Entwicklung.

3. Militär

Der „11. September" war das Beste und Gewollteste, was den USA passieren konnte, um den „4. Weltkrieg" auszulösen. Afghanistan, Irak und wohl demnächst Iran. Letztendlich geht es um Opium und Öl und nicht um Demokratie.

Imperialistische Methoden zur Unterjochung von Völkern unter dem Vorwand der Terrorismusbekämpfung. Bin Laden mit seiner Truppe von 70.000 Mann nicht gefasst, aber Guantanamo mit Folter.

Die europäischen Staaten spielen mit oder auch nicht, je nach Interessenlage. Jugoslawien oder Kosovo war 1999 schon der Anfang des Verstoßes gegen Völkerrecht: Wo ist das Ende? Waren in den 90er Jahren die ehemals sozialistischen Länder Objekt der Ausbeutung, sind es im 21. Jahrhundert die arabischen. Die lateinamerikanischen profitieren davon und rutschen vor der Haustür der USA nach links.

Welches Ausmaß der Verwüstung würden die USA wohl hinterlassen, wenn nicht China und Russland dagegen halten würden. Welch profitables Geschäft, Länder zu zerbomben und wieder mit Profiten aufzubauen. An den Wirtschaftskriegen zeigt sich deutlich, wie im Kapitalismus die Wirtschaft die Politik dominiert. Die Gewählten sind Marionetten der Konzerne.

Eine sozialistische Gesellschaft soll dieses Verhältnis herumdrehen und daher ist politisch der NATO-Austritt für Deutschland zu fordern. Es ist die einzige Lösung, um sich von den imperialistischen, hegemonialen Interessen und Handlungen der USA zu trennen.

Deutschland muss einen eigenen Weg gehen, der weltweit in Abrüstung, Gleichberechtigung der Staaten, Solidarität und Humanität steht. Frieden ist gestaltbar, wenn Aufhebung von Armut und Gerechtigkeit im Vordergrund stehen. Die NATO dagegen ist eindeutig kein defensives Bündnis, sondern eines mit offensiv-imperial-wirtschaftlichen Interessen.

Wollen wir den demokratischen Sozialismus erreichen, müssen wir dieses Bündnis verlassen. Sieht man die Geschichte und Programmatik der politischen Parteien SPD, Grüne und LINKE, so ist dies machbar, da sie alle ideologisch friedlich sein können. Wir müssen umdenken, denn kein Staat auf der Welt will uns Böses und wir sind nicht die Weltpolizei. Was nach dem 2. Weltkrieg einhellige Meinung war, soll jetzt spätestens nach dem 4. Weltkrieg Realität werden: „Schwerter zu Pflugscharen!"

Ist nicht das Militär zur Herrschaftssicherung der gesellschaftlichen Eliten und eine Wiedereinführung der Elemente des Dritten Reiches, hauptsächlich als Abwehr sozialistischen Gedankengutes?

Wie oft zeigen sich im Heer rechtsradikale Tendenzen, heute in der Ideologie einer globalen Interventionsarmee. Militär und Rüstungsindustrie gehen Hand in Hand mit politischem Segen, obwohl heute alle wissen, dass Soldaten potentielle Mörder sind (Hindukusch, S.136).

Wichtig und entscheidend für Anhänger des demokratischen Sozialismus ist, dass die Ermächtigung zur Aufstellung von Streitkräften im Verteidigungssinne steht (Hindukusch, S.189), während Terrorfahndung Polizeisache und kein Interesse des Militärs im Inland ist. Was macht dagegen die deutsche Politik: Sie bricht das Grundgesetz! Vermessen, imperialistisch, undemokratisch.

Nicht DIE LINKE ist der Verfassungsfeind, sondern die Herrschenden, die selbst 70 Jahre danach noch nationalsozialistische Elemente forcieren. Die Gegner sind dieselben, nur die Facetten, Methoden technisch aktualisiert. Die heutige Außen- und Innenpolitik ist revanchistisch: Kriege und Überwachungsstaat!

US-Hegemonie mit liberalem oder neoliberalem Gewand mit dem Ziel sozialistische oder Drittländer auszubeuten. Angeblich sollen diese Staaten demokratisiert werden mit militärischem Druck, obwohl doch all diese Länder demokratisch gewählte Regierungen haben, aber deren Politik gefällt eben nicht, sie ist nicht opportun, daher gefordert: globale Ökonomie mit freiwilligem Imperialismus! „Wir wollen Euch ja nur Gutes", hauptsächlich Eure Ressourcen.

Wer erfolgreich dagegen hält, ist Schurkenstaat wie Nordkorea oder Kuba und wird mit weltweiten Sanktionen bedacht. Aber die Medaille hat auch eine Gegenseite: Wer dagegen hält, wird nicht überfallen!

Partisanenkampf und Gegenwehr sind erfolgreich, weil letztlich die USA eine degenerierte Gesellschaft mit viel Angst ist. Sie ist im Grunde sozialistischen Ländern, die angstfreier und ohne Drogen leben, unterlegen. Es zeigt sich daher, dass die imperialistische Waffe nicht überall hinreicht, denn zu jedem und allem gibt es eine Alternative. Die übrig gebliebenen und neu hinzukommenden sozialistischen Länder verraten ihre Ideologie nicht, sie sind wehrhaft im Sinne von Gerechtigkeit und Humanität, Vorbild für eine Entwicklung in Deutschland, die absehbar in einen demokratischen Sozialismus münden muss.

Das Heer soll außerhalb eines globalen Bündnisses sein und rein defensiv, denn von unserem Boden soll aus den geschichtlichen Lehren heraus nie wieder Krieg ausgehen, auch keine Kriegsbeteiligung mit Profiten für die Rüstungsindustrie.

Interventionen sind nicht erlaubt, Verteidigung des demokratischen Sozialismus ja. Somit soll die Gesellschaft human, das Militär demokratisch, die Großindustrie verstaatlicht sein: gut für Deutschland, gut für Europa!

Liberaler Sozialismus in human-gerechter Gesellschaftsstruktur mit Freiheiten für den Bürger ohne Todesstrafe und Ausbildung zum hegemonialen Töten, demokratisierte Wirtschaft mit genossenschaftlichen Elementen unter Primat der Politik. Es ist machbar und Hoffnung für politisch Interessierte unter demokratischer Fahne!

Literaturverzeichnis

Arbeitsstelle Frieden und Abrüstung (Hg.): Am Hindukusch und anderswo, Köln 2005

Biermann, Werner und Arno Klöne: Kapital-Verbrechen, Köln 2006

Bontrup, Heinz-J.: Arbeit, Kapital und Staat, Köln 2006

Fetscher, Iring: Marx, Freiburg

Fülberth, Georg: G-Strich, 3. verb. Aufl., Köln 2006

Göbel, Rüdiger u.a. (Hg.): Der Irak, Köln 2004

Wagenknecht, Sahra: Kapitalismus im Koma, 5. Aufl., Berlin 2006

August 2008